DIOS CRUCIFICADO

Monoteísmo y Cristología en el Nuevo Testamento

Richard Bauckham

EDITORIAL CLIE
Ferrocarril, 8
08232 VILADECAVALLS (Barcelona)
E-mail: libros@clie.es
http://www.clie.es

DIOS CRUCIFICADO: Monoteísmo y Cristología en el Nuevo Testamento
Richard Bauckham

Publicado originalmente en inglés con el título *God Crucified*

© 1998 Richard Bauckham
First published 1998 in Great Britain by Paternoster Press
P.O. Box 300 Carlisle, Cumbria, CA3 0QS, U.K.
© 2003 por Editorial Clie para esta edición en castellano.

Todos los derechos reservados.

Director de la colección: Dr. Matt Williams

Traducción:
Ismael López Medel

Equipo editorial (revisión y corrección):
Nelson Araujo Ozuna
Anabel Fernández Ortiz
Dorcas González Bataller
Lidia Rodríguez Fernández
Joana Ortega Raya
Eduardo Delás

Diseño de cubiertas: Ismael López Medel

ISBN: 978-84-8267-352-3

Impreso en USA / Printed in USA

Clasifíquese: 23 TEOLOGÍA: Cristología
C.T.C. 01-02-0023-20

Referencia: 22.45.02

Índice

Presentación de la Colección Teológica Contemporánea 4

Prefacio 9

Capítulo 1 Comprendiendo el Monoteísmo judío primitivo 13

Capítulo 2 Monoteísmo cristológico en el Nuevo Testamento 33

Capítulo 3 Dios crucificado: la identidad divina revelada en
         Jesús 49

Presentación de la Colección Teológica Contemporánea

Cualquier estudiante de la Biblia sabe que hoy en día la literatura cristiana evangélica en lengua castellana aún tiene muchos huecos que cubrir. En consecuencia, los creyentes españoles muchas veces no cuentan con las herramientas necesarias para tratar el texto bíblico, para conocer el contexto teológico de la Biblia, y para reflexionar sobre cómo aplicar todo lo anterior en el transcurrir de la vida cristiana.

Esta convicción fue el principio de un sueño: la «Colección Teológica Contemporánea». Necesitamos más y mejores libros para formar a nuestros estudiantes para su futuro ministerio. Y no sólo en el campo bíblico y teológico, sino también en el práctico –si es que se puede distinguir entre lo teológico y lo práctico, pues nuestra experiencia nos dice que por práctica que sea una teología, no aportará ningún beneficio a la iglesia si no es una teología correcta.

Sería magnífico contar con el tiempo y los expertos necesarios para escribir libros sobre las áreas que aún faltan por cubrir. Pero como éste no es un proyecto viable por el momento, hemos decidido traducir una serie de libros escritos originalmente en inglés.

Queremos destacar que además de trabajar en la traducción de estos libros, en muchos de ellos hemos añadido preguntas de estudio al final de cada capítulo para ayudar a que tanto alumnos como profesores de Seminarios Bíblicos, como el público en general, descubran cuáles son las enseñanzas básicas, puedan estudiar de una manera más profunda, y puedan reflexionar de forma actual y relevante sobre las aplicaciones de los temas tratados. También hemos añadido en la mayoría de los libros una bibliografía en castellano, para facilitar la tarea de un estudio más profundo del tema en cuestión.

En esta Colección Teológica Contemporánea, el lector y la lectora encontrarán una variedad de autores y tradiciones evangélicas de reconocida trayectoria. Algunos de ellos ya son conocidos en el mundo de habla hispana (como F. F. Bruce, G. E. Ladd y L. L. Morris). Otros no tanto, ya que aún no han sido traducidos a nuestra lengua (como N. T. Wright y R. Bauckham); no obstante, son mundialmente conocidos por su experiencia y conocimientos.

Todos los autores elegidos son de una seriedad rigurosa y tratan los diferentes temas de una forma profunda y comprometida. Así, todos los libros son el reflejo de los objetivos que esta colección se ha propuesto:

PRESENTACIÓN DE LA COLECCIÓN TEOLÓGICA CONTEMPRÁNEA

1. Traducir y publicar buena literatura evangélica para pastores, profesores y estudiantes de la Biblia.
2. Publicar libros especializados en las áreas donde hay una mayor escasez.

La «Colección Teológica Contemporánea» es una serie de estudios bíblicos y teológicos dirigida a pastores, líderes de iglesia, profesores y estudiantes de seminarios e institutos bíblicos, y creyentes en general, interesados en el estudio serio de la Biblia.

La colección se dividirá en tres áreas:

> Estudios bíblicos
> Estudios teológicos
> Estudios ministeriales

Esperamos que estos libros sean una aportación muy positiva para el mundo de habla hispana, tal como lo han sido para el mundo anglófono, y que, como consecuencia, los cristianos –bien formados en Biblia y en teología– impactemos al mundo con el fin de que Dios, y sólo Dios, reciba toda la gloria.

Queremos expresar nuestro agradecimiento a los que han hecho que esta colección sea una realidad, a través de sus donativos y oraciones. «Tu Padre... te recompensará.»

Dr. MATTHEW C. WILLIAMS
Editor de la Colección Teológica Contemporánea
Profesor en IBSTE (Barcelona) y Talbot School of Theology (Los Angeles, CA., EEUU)
Williams@bsab.com

Lista de títulos

A continuación presentamos los títulos de los libros que publicaremos, DM, en los próximos tres años, y la temática de las publicaciones donde queda pendiente asignar un libro de texto. Es posible que haya algún cambio, según las obras que publiquen otras editoriales, y según también las necesidades de los pastores y de los estudiantes de la Biblia. Pero el lector y la lectora pueden estar seguros de que vamos a continuar en esta línea, interesándonos por libros evangélicos serios y de peso.

Estudios bíblicos

Jesús
    Michael J. Wilkins & J. P. Moreland (editors), *Jesús bajo sospecha*, Terrassa: CLIE, 2003, *[Jesus Under Fire]*, Grand Rapids, Zondervan, 1995. Una

defensa de la historicidad de Jesús, realizada por una serie de expertos evangélicos en respuesta a «El Seminario de Jesús», un grupo que declara que el Nuevo Testamento no es fiable y que Jesús fue tan sólo un ser humano normal.

Mateo
Un comentario de Mateo.

Juan
Leon Morris, *Comentario del Evangelio de Juan [Commentary on John]*, 2nd edition, New International Commentary on the New Testament. Grand Rapids, MI, Wm. B. Eerdmans Publishers, 1995. Los comentarios de esta serie, *New International Commentary on the New Testament*, están considerados en el mundo anglófono como unos de los comentarios más serios y recomendables. Analizan el texto de forma detallada, deteniéndose a considerar temas contextuales y exegéticos, y el sentido general del texto.

Romanos
Douglas J. Moo, *Comentario de Romanos [Commentary on Romans]*, New International Commentary on the New Testament. Grand Rapids, MI, Wm. B. Eerdmans Publishers, 1996. Moo es profesor del Nuevo Testamento en Wheaton College. Los comentarios de esta serie, *New International Commentary on the New Testament*, están considerados en el mundo anglófono como unos de los comentarios más serios y recomendables. Analizan el texto de forma detallada, deteniéndose a considerar temas contextuales y exegéticos, y el sentido general del texto.

Gálatas
F. F. Bruce, *Comentario de la Epístola a los Gálatas [Commentary of Galatians]*, New International Greek Testament Commentary Series, Grand Rapids, Eerdmans, 1982.

Filipenses
Gordon Fee, *Comentario de Filipenses [Commentary on Phillipians]*, New International Commentary on the New Testament. Grand Rapids, MI, Wm. B. Eerdmans Publishers, 1995. Los comentarios de esta serie, *New International Commentary on the New Testament*, están considerados en el mundo anglófono como unos de los comentarios más serios y recomendables. Analizan el texto de forma detallada, deteniéndose a considerar temas contextuales y exegéticos, y el sentido general del texto.

Pastorales
Un comentario de las Pastorales.

Apocalipsis
Un comentario del Apocalipsis.

Estudios teológicos

Cristología
Richard Bauckham, *Monoteísmo y Cristología en el Nuevo Testamento [God Crucified: Monotheism & Christology in the New Testament]*, Grand Rapids, Eerdmans, 1998. Bauckham, profesor de Nuevo Testamento en St. Mary's College de la Universidad de St. Andrews, Escocia, conocido por sus estudios sobre el contexto de los Hechos, por su exégesis del Apocalipsis, de 2ª de Pedro y de Santiago, explica en esta obra la información contextual necesaria para comprender la cosmovisión monoteísta judía, demostrando que la idea de Jesús como Dios era perfectamente reconciliable con tal visión.

Teología del Nuevo Testamento
G. E. Ladd, *Una Teología del Nuevo Testamento*, Terrassa: CLIE, 2003 *[A Theology of the New Testament]*, revised edition, Grand Rapids, Eerdmans, 1993. Ladd era profesor del Nuevo Testamento y Teología en Fuller Theological Seminary (EE.UU.); es conocido en el mundo de habla hispana por sus libros *Creo en la resurrección de Jesús, Crítica del Nuevo Testamento, Evangelio del Reino* y *Apocalipsis de Juan: Un comentario*. Presenta en esta obra una teología completa y erudita de todo el Nuevo Testamento.

Teología Joánica
Leon Morris, *Estudios sobre la Teología Joánica [Jesus is the Christ: Studies in the Theology of John]*, Grand Rapids, Eerdmans; Leicester, InterVarsity Press, 1989. Morris es muy conocido por los muchos comentarios que ha escrito, pero sobre todo por el comentario de Juan de la serie *New International Commentary of the New Testament*. Morris también es el autor de *Creo en la Revelación, Las cartas a los Tesalonicenses, El Apocalipsis, ¿Por qué murió Jesús?,* y *El salario del pecado.*

Teología Paulina
N. T. Wright, *El verdadero pensamiento de Pablo*, Terrassa, CLIE, 2003 *[What Saint Paul Really Said]*, Oxford, England, Lion Publishing, 1997. Una respuesta a aquellos que dicen que Pablo comenzó una religión diferente a la de Jesús. Se trata de una excelente introducción a la teología paulina y a la «nueva perspectiva» del estudio paulino, que propone que Pablo luchó contra el exclusivismo judío y no tanto contra el legalismo.

Teología Sistemática

Millard Erickson, *Teología sistemática [Christian Theology]*, 2nd edition, Grand Rapids, Baker, 1998. Durante quince años esta teología sistemática de Millard Erickson ha sido utilizada en muchos lugares como una introducción muy completa. Ahora se ha revisado este clásico teniendo en cuenta los cambios teológicos, al igual que los muchos cambios intelectuales, políticos, económicos y sociales.

Teología Sistemática: Revelación/Inspiración

Clark H. Pinnock, *Revelación bíblica: el fundamento de la teología cristiana [Biblical Revelation: The Foundation of Christian Theology]*, Foreword by J. I. Packer, Phillipsburg, New Jersey, Presbyterian and Reformed Publishing Company, 1985. Aunque conocemos los cambios teológicos de Pinnock en estos últimos años, este libro, de una etapa anterior, es una defensa evangélica de la infalibilidad y veracidad de las Escrituras.

Estudios ministeriales

Apologética/Evangelización

Michael Green & Alister McGrath, *¿Cómo llegar a ellos? Defendamos y comuniquemos la fe cristiana a los no creyentes*, Terrassa: CLIE, 2003, *[How Shall We Reach Them: Defending and Communicating the Christian Faith to Nonbelievers]*, Nashville, TN, Thomas Nelson Publishers, 1995. Esta obra explora la evangelización y la apologética en el mundo postmoderno en el que nos ha tocado vivir, escrito por expertos en evangelización y teología.

Dones/Pneumatología

Wayne. A. Grudem, ed., *¿Son vigentes los dones milagrosos? Cuatro puntos de vista [Are Miraculous Gifts for Today? Four views]*, Grand Rapids, Zondervan, 1996. Este libro pertenece a una serie que se dedica a exponer las diferentes posiciones que hay sobre diversos temas. Esta obra nos ofrece los argumentos de la perspectiva cesecionista, abierta pero cautelosa, la de la tercera ola, y la del movimiento carismático; cada una de ellas acompañadas de los comentarios y crítica de las perspectivas opuestas.

Mujeres en la Iglesia

Bonnidell Clouse & Robert G. Clouse, eds., *Mujeres en el ministerio. Cuatro puntos de vista [Women in Ministry: Four Views]*, Downers Grove, IVP, 1989. Este libro pertenece a una serie que se dedica a exponer las diferentes posiciones que hay sobre diversos temas. Esta obra nos ofrece los argumentos de la perspectiva tradicional, la del liderazgo masculino, la del ministerio plural, y la de la perspectiva igualitaria; todas ellas acompañadas de los comentarios y crítica de las perspectivas opuestas.

Prefacio

Este libro es una versión de las conferencias Didsbury de 1996, las cuales impartí en octubre de 1996 en el British Isles Nazareth College en Didsbury, Manchester. He revisado ligeramente el texto de las conferencias y añadido pies de página. En total fueron cuatro conferencias, pero he combinado la tercera y la cuarta en un solo capítulo, ya que el argumento fluía continuamente por ambas.

El libro contiene una versión concisa de una teoría que publicaré de forma más completa en otro libro en el que estoy trabajando, titulado provisionalmente «Jesús y la identidad de Dios: Monoteísmo judío y Cristología del Nuevo Testamento». En ambos libros presento una nueva manera de entender la Cristología del Nuevo Testamento en su contexto judío. Teniendo como mis puntos de arranque el debate actual sobre la naturaleza del Monoteísmo judío en el período del Segundo templo, y los esfuerzos por encontrar precedentes judíos en la Cristología primitiva, argumento que las corrientes actuales que encuentran a Jesús como una figura intermediaria semidivina están completamente equivocadas. Trabajando con la categoría principal de la identidad del Dios de Israel –la cual apunta de forma apropiada a quién es Dios en lugar de qué es la divinidad– muestro que el judaísmo primitivo tenía formas claras y consistentes de caracterizar la identidad única del único Dios y de distinguirle absolutamente del resto de la realidad. Cuando leemos la Cristología del Nuevo Testamento teniendo en cuenta este contexto teológico judío resulta claro que, desde los principios de la Cristología postpascual, los primeros cristianos, incluyeron a Jesús, con precisión y sin ambigüedades, dentro de la identidad única del único Dios de Israel. Lo hicieron al incluir a Jesús en las características únicas y definitivas según las cuales el judaísmo identificaba a Dios como único. Para hacer esto no tuvieron que romper con el monoteísmo judío, ya que el monoteísmo, como el judaísmo del período del Segundo Templo lo entendía, estaba estructuralmente abierto al desarrollo del monoteísmo cristológico que encontramos en los textos del Nuevo Testamento.

La Cristología antigua fue realmente alta cristología, y la llamo Cristología de la identidad divina, proponiéndola como una manera de salir de la distinción aceptada entre Cristología «funcional» y «óntica», una distinción que no se corresponde con el pensamiento judío primitivo sobre Dios y que ha distorsionado seriamente nuestro entendimiento de la Cristología del Nuevo Testamento. Cuando pensamos en términos de identidad divina, más que en esencia o naturaleza divina, que no son las primeras categorías para la Teología judía, podemos ver que las así llamadas funciones divinas que Jesús ejercita son intrínsecas a lo que Dios es. Esta Cristología de la identidad divina no es un mero paso en el camino del desarrollo patrístico de la Cristología ontológica en el contexto de la Cristología trinitaria. Se trata ya de una Cristología completa, que mantiene que Jesucristo es intrínseco a la identidad única y eterna de Dios. Los Padres no lo desarrollaron tanto como para traspasarlo a un marco de trabajo conceptual construido sobre categorías filosóficas griegas de esencia y naturaleza.

La inclusión de Jesús en la identidad divina única tiene implicaciones no sólo para quién es Jesús, sino también para quién es Dios. Esto forma la segunda mitad del argumento que persigo en este libro y que desarrollaré más extensamente en el otro libro. Cuando se tomó en serio, como ocurrió en la mayoría de formas de Teología neotestamentaria, que no sólo el Jesús preexistente y exaltado, sino también el Jesús humano, sufriente, humillado y crucificado pertenecía a la identidad divina única de Dios, entonces quedó claro que Jesús revela la identidad divina –quién es Dios realmente– en humillación así como en exaltación, y en la conexión entre ambas. La propia identidad de Dios se revela en Jesús, su vida y su cruz, al igual que en su exaltación, de una forma que es continuamente completa y consistente con el entendimiento del Antiguo Testamento y judío sobre Dios, pero también es nuevo y sorprendente. Mientras que los Padres, a su modo, se apropiaron con éxito de la Teología Nicena, la inclusión de Jesús en la identidad de Dios del Nuevo Testamento, no tuvo tanto éxito en apropiarse de su corolario, la revelación de la identidad divina en la pasión y vida humanas de Jesús.

Para ver cómo se hace justicia a este hecho tenemos que volver a la Teología de la cruz, que se originó en Martín Lutero y se popularizó en el siglo XX.

Veremos que mi tesis no es sólo un recuento histórico del trasfondo, orígenes y naturaleza de la Cristología del Nuevo Testamento, sino que también es muy significativa para nuestra evaluación de la tradición cristológica de la Iglesia y para la Teología constructiva contemporánea. En el presente libro solamente se menciona esto de forma muy breve hacia el final. Se desarrollará mucho más en un tratamiento posterior.

En la presente y concisa versión de mi argumento, no sólo he sido incapaz de desarrollar algunos puntos centrales del mismo, sino que tampoco he podido aportar el estudio detallado de los textos y de la constante interacción con otras interpretaciones del monoteísmo judío, la Cristología del Nuevo Testamento y los textos primitivos centrales, tanto judíos como cristianos que se necesitarán para establecer mis argumentaciones adecuadamente en el contexto de la discusión académica actual. Esto tendrá que esperar a un estudio más completo. Pero muchos lectores, sin duda, no encontrarán en la forma presente de mi argumentación, demasiados detalles exegéticos y pies de página y bibliografía, más fácil de apreciar y de asimilar. Estoy muy contento de tener la oportunidad de publicar mi trabajo de esta forma, que no es tanto una versión «popular» como una presentación concisa de mi argumento, en la que el árbol no se pierde en el bosque, y los contornos principales de mi teoría central se hacen claramente visibles.

Fue un honor para mí formar parte de lo que es ahora una serie muy distinguida de las conferencias de Didsbury, y fue un placer volver a Manchester, donde enseñé Teología en la Universidad durante quince años, conocí el Nazarene College, e incluso asistí a conferencias anteriores a Didsbury. Estoy muy agradecido al College y en especial a su decano, Dr. Kent Brower, por invitarme a la conferencia, y también por entretenerme de forma muy generosa durante mi estancia. El personal, los estudiantes y miembros del público que asistieron a las conferencias me ayudaron a hacer de ésta una experiencia tan estimulante como agradable. También debo dar las gracias a mi colega en el St. Andrews College, Trevor Hart por una conversación, que tuvo como resultado la concepción de estas charlas, de las cuales rápidamente creció el proyecto del cual ahora sale el fruto. El pensamiento que ha cristalizado aquí, sin tener este final conscientemente a la vista, ha sido desarrollado después de muchos años de estudio del judaísmo primitivo, del Nuevo Testamento, y de la Cristología histórica y contemporánea. Por lo tanto, está en deuda con muchos libros y con muchas personas, incluyendo muchos estudiantes que se matricularon en mis cursos de Cristología. No puedo agradecerlo de otra manera menos general, pero tampoco puedo acabar este libro sin tenerles en cuenta con gratitud.

RICHARD BAUCKHAM
St. Mary's College
St. Andrews, Escocia.
Mayo de 1998

Capítulo 1

Comprendiendo el Monoteísmo judío primitivo

El Monoteísmo judío primitivo y la Cristología del Nuevo Testamento en el debate actual

La pregunta clave sobre la que versa este libro es la relación entre el Monoteísmo judío –el Monoteísmo judío del período del Segundo Templo como contexto de los orígenes cristianos– y la Cristología del Nuevo Testamento. El debate actual sobre la Cristología del Nuevo Testamento deja suficientemente claro que esta relación es central en la discusión sobre el carácter y el desarrollo de la Cristología primitiva. Cómo los autores del Nuevo Testamento entienden la relación de Jesús con Dios, hasta qué punto atribuyen algún tipo de divinidad a Jesús, qué tipo de divinidad es la que le atribuyen. Estas preguntas están íntimamente relacionadas con la forma en la que el Judaísmo del Segundo Templo entendió la unicidad de Dios. Por supuesto, las suposiciones sobre el carácter del Monoteísmo judío siempre han informado la interpretación académica moderna de la Cristología del Nuevo Testamento. Lo que es relativamente nuevo es que actualmente existe un importante debate en progreso sobre la naturaleza del Monoteísmo judío en este período.[1] Resulta interesante que la mayoría

---

[1] Ver el interesante estudio en L. W. Hurtado, «What Do We Mean by "First-Century Jewish Monotheism"?», *SBLSP* 1993, 348-354.

de los participantes de este debate estén centrados precisamente en la manera en que la visión del Monoteísmo judío que argumentan afecta a la interpretación de la Cristología del Nuevo Testamento. Diferentes visiones de la naturaleza del Monoteísmo judío del Segundo Templo (o, incluso si el término «Monoteísmo» es apropiado) están correlacionadas con una variedad similar sobre el proceso mediante el cual Jesús llegó a ser divino, en el sentido en que era considerado divino por las iglesias cristianas del período neotestamentario.

Si simplificamos de alguna manera los diferentes puntos de vista, por razón de espacio, podemos identificar dos aproximaciones principales. En primer lugar está la visión de que el Judaísmo del Segundo Templo estaba caracterizado por un Monoteísmo «estricto» que hacía imposible atribuir divinidad real a otra figura aparte de Dios. Desde esta visión, algunos argumentan que Jesús no podía haber sido considerado como una divinidad real en un contexto monoteísta judío, de modo que solamente una ruptura radical con el Monoteísmo judío podía posibilitar la atribución de divinidad real a Jesús.[2] Dado el carácter obviamente muy judío del cristianismo primitivo, esta aproximación tiende a interpretar las pruebas de la misma manera en que se economiza la extensión de cualquier parecido con una Cristología divina real en los textos del Nuevo Testamento.

En segundo lugar, existen puntos de vista revisionistas del Judaísmo del Segundo Templo que, de un modo u otro, niegan su carácter estrictamente monoteísta. Estas opiniones normalmente se centran en varios tipos de figuras mediadoras –los ángeles más importantes, humanos exaltados, atributos o funciones divinas personificadas– las cuales se cree que ocupan un estatus divino subordinado o semidivino, de modo que la distinción entre el único Dios y el resto de la realidad no es, de ningún modo, absoluta en el Judaísmo de este período. Estas opiniones están estrechamente relacionadas con la búsqueda de precedentes judíos y paralelos a la Cristología primitiva. Los estudiosos reconocen, por regla general, que muchos textos del Nuevo Testamento tratan a Jesús como si realmente fuera divino, y también que ellos funcionan de forma clara dentro de un contexto conceptual fundamentalmente judío. Los intentos

---

[2] A. E. Harvey, *Jesus and the Constraints of History* (Londres: Duckworth, 1982), capítulo 7, P. M. Casey, *From Jewish Prophet to Gentile God* (Cambridge, J. Clarke; Lousville, Westmister/John Knox, 1991); ídem, «The Dedication of Jesus», *SBLSP* 1994, 697-714

por entender cómo una Cristología tan alta pudo desarrollarse dentro de un movimiento judío se centran por tanto en las figuras mediadoras del Judaísmo del Segundo Templo, que, de alguna manera, participan en la divinidad. Tales figuras proporcionan una categoría judía ya existente en la cual las estimaciones cristianas primitivas sobre el estatus exaltado de Jesús podían encajar. La alta Cristología del Nuevo Testamento puede ser entendida como un desarrollo judío inteligible[3] dado que el Monoteísmo judío no era estricto, sino flexible, y el límite entre el único Dios y el resto de la realidad estaba relativamente borroso por el interés en las figuras mediadoras.

El punto de vista que argumentaré en los primeros dos capítulos de este libro difiere de ambas visiones. En común con la primera aproximación, comentaré que el Monoteísmo judío del Segundo Templo era por supuesto «estricto». Mostraré que la mayoría de los judíos de este período eran muy conscientes del Monoteísmo y tenían ciertas ideas muy familiares y bien definidas sobre cómo la particularidad del único Dios debía ser entendida. En otras palabras, hicieron una clara distinción entre el único Dios y el resto de la realidad, y tenían el hábito de distinguir entre ambos por medio de ciertos criterios perfectamente articulados. Las llamadas figuras mediadoras no eran semidivinidades ambiguas cabalgando en la frontera entre Dios y la Creación. Algunas eran entendidas como aspectos de la única realidad propia de Dios. La mayoría eran consideradas criaturas sin ambigüedad, sirvientes exaltados de Dios que la literatura a menudo menciona para distinguir claramente la verdadera divinidad real del único Dios. Por lo tanto, distanciándome de la segunda aproximación, no creo que esas figuras judías intermediarias tengan una importancia decisiva para el estudio de la Cristología primitiva. Aunque no niego que algunas

---

[3] C. Rowland, *The Open Heaven* (Londres: SPCK, 1982) 94-113; A. Chester, «Jewish Messianic Expectations and Mediatorial Figures and Pauline Christology», in M. Hengel y U. Heckel de., *Paulus und antike Judentum* (WUNT 58, Tübingen, Mohr [Siebeck], 1991) 17-89; M. Barker, *The Great Angel: A Study of Israel's Second God* (Londres, SPCK, 1992); C. A. Gieschen, *Angelomorphic Christology* (AGJU 42; Leiden, Brill, 1998). Para una variedad de visiones relacionadas con el énfasis sobre la importancia de las figuras judías intermediarias en el desarrollo de la Cristología también ver: M. Hengel, *The Son of God* (tr. J. Bowden; Londres, SCM Press, 1980); ídem, «Was Christianity a Monotheistic Faith from the Beginning?». *SJT* 35 (1982) 303-336; ídem, «The Making of Christology: Evolution or Unfolding?», en J. B. Green y M. Turner ed., *Jesus of Nazareth: Lord and Christ* (I.H. Marshall FS; Grand Rapids: Eerdmans; Carlosle. Paternoster, 1994) 437-452; L.W. Hurtado, *One God, One Lord: Early Christian Devotion and Ancient Jewish Monotheism* (Filadelfia: Fortress, 1988).

de ellas tengan cierta importancia, creo que resulta engañoso un interés excesivo de la Cristología primitiva en ellas como una clave para entender el Judaísmo. La continuidad real entre el Monoteísmo judío y la Cristología del Nuevo Testamento no debe encontrarse en las figuras mediadoras.

En su lugar, argumentaré que la alta Cristología era posible dentro de un contexto monoteísta judío, no por aplicarle a Jesús una categoría de intermediario semidivino, sino por identificarle directamente con el único Dios de Israel, incluyéndole en la identidad única de este único Dios. El Monoteísmo judío distinguía claramente entre el único Dios y el resto de la realidad. Pero la manera en que lo hacía no impidió que los primeros cristianos incluyeran a Jesús en esta identidad divina única. A pesar de que esto suponía un desarrollo novedoso y radical, casi sin precedentes en la Teología judía, el carácter del Monoteísmo judío era tal que este desarrollo no requería ningún rechazo de las formas en las que el Monoteísmo judío entendía la particularidad de Dios. Lo que ha faltado en toda la discusión sobre este tema es un entendimiento adecuado sobre las formas mediante las cuales el Judaísmo del período del Segundo Templo entendía la peculiaridad de Dios. Al adquirir tal entendimiento, seremos capaces de ver que en general los textos del Nuevo Testamento adoptan las formas conocidas de distinguir al único Dios del Monoteísmo judío y las utilizan, precisamente, para incluir a Jesús en la identidad única de Dios como se entendía comúnmente en el Judaísmo del Segundo Templo.

Antes de argumentar este punto de vista, me gustaría hacer dos críticas generales y breves sobre cómo se han desarrollado las discusiones entre el Monoteísmo judío y la Cristología primitiva. Una es que la cuestión fundamental e importante –que, en el entendimiento judío de Dios, realmente se cuenta como «divino»– raramente se enfrenta con claridad. En la discusión sobre si el Monoteísmo judío era más flexible o más estricto y en la discusión sobre el estatus de las así llamadas figuras mediadoras, los estudiosos tienden a aplicar sin un análisis previo una variedad de criterios para describir el límite entre Dios y lo que no es Dios, o lo divino y lo no divino.[4] Como consecuencia, también queda poco claro lo que realmente implicaría la atribución de divinidad a Jesús en la Cristología primitiva. Algunos (no todos) investigadores que buscan precedentes

---

[4] Un buen comienzo aclarador es la lista de «criterios de divinidad» en Grieschen, *Angelomorphic Christology*, 31-33, aunque yo reduciría y modificaría la lista en algunos aspectos.

judíos para la Cristología primitiva en figuras judías intermediarias supuestamente semidivinas o subordinadas, parecen pensar que esto apoya una interpretación de la Cristología del Nuevo Testamento favorable a una ortodoxia cristológica más tardía, la confesión de la verdadera divinidad de Jesucristo. De hecho, tales argumentos a veces producen algo más parecido a un Cristo arriano, un semi dios que no es ni verdaderamente divino ni verdaderamente humano. Todo el debate sobre el Monoteísmo judío y la Cristología primitiva requiere de forma urgente una clarificación sobre cómo el Monoteísmo judío entendía la particularidad de Dios y distinguía entre Dios y lo que no es Dios.

En segundo lugar, la evaluación de los datos sobre el carácter del Judaísmo del período del Segundo templo ha sido tergiversada, bajo mi punto de vista, por la concentración de las figuras mediadoras, en la creencia de que éstas constituyen en parte una de las mejores pruebas para entender la Cristología primitiva. Muchas de estas pruebas han sido negadas a favor de un pequeño grupo de pruebas altamente discutibles. Las figuras mediadoras que pueden o no participar de la divinidad no son de ningún modo características de la literatura del Judaísmo del Segundo Templo. No deberían ser el centro de un estudio del Monoteísmo judío del Segundo Templo. En su lugar, procederemos a estudiar datos más generales de cómo se entendía la unicidad de Dios, para después considerar las figuras mediadoras en el contexto de estos datos.

El Judaísmo del Segundo Templo consciente de su Monoteísmo

Podemos suponer, sin temor a equivocarnos, que los judíos practicantes del final del período del Segundo Templo eran monoteístas convencidos. Entendían que su adoración y su obediencia al único y solo Dios, el Dios de Israel, definía su particular diferenciación religiosa en el plural ambiente religioso de su tiempo. La mejor prueba es su uso de los dos pasajes monoteístas claves de las Escrituras. Uno era el Shemá, el pasaje en Deuteronomio (6:4-6), que comienza: «Escucha, Oh, Israel, el Señor (YHWH) es nuestro Dios, El Señor (YHWH) uno es» y continúa pidiendo devoción total para este Dios: «Amarás al Señor tu Dios con todo tu corazón, con toda tu alma y con toda tu fuerza». El otro pasaje era el Decálogo –Los Diez mandamientos–, cuyos primeros dos versículos prohibían a los israelitas tener o adorar a otros dioses fuera de YHWH (Éxodo

20:2-6; Deuteronomio 5:6-10). Ambos textos eran claramente entendidos en este período como afirmaciones sobre la absoluta unicidad de YHWH como el único y solo Dios. Todos los judíos que se preocupaban por practicar la Torá con fe recitaban el Shemá dos veces al día, por la mañana y por la tarde, ya que se creía que la misma Torá mandaba hacerlo. Aún más, existen pruebas de que en este período el pasaje recitado no solamente incluía el Shema', sino también el Decálogo. Los judíos fieles, por lo tanto, veían diariamente recordada su lealtad exclusiva al único Dios. Su Monoteísmo autoconsciente no era una simple creencia intelectual en Dios, sino una unidad de creencia y praxis que incluía la adoración y la obediencia exclusiva a este Dios. La monolatría (la sola adoración del único Dios) como una consecuencia (la sola creencia en un único Dios) es un aspecto importante del Monoteísmo judío al que volveremos.

La identidad única de Dios en el Monoteísmo judío

Este tipo de Monoteísmo práctico, que requiere todo un modelo de adoración cúltica y cotidiana que incluye una lealtad exclusiva al único Dios, presupone un Dios que sea claramente identificable de algún modo. El Dios que requiere lo que requiere el Dios de Israel no puede ser simplemente una abstracción filosófica a la que aspiraban las corrientes intelectuales del pensamiento griego de la época. Los judíos sabían, en cierto sentido, quién era su Dios. El Dios de Israel tenía una identidad única. El concepto de identidad de Dios constituirá el enfoque central de toda la tesis de este libro.[5] Puesto que el Dios de la Biblia tiene un nombre

[5] Para ver la noción de la identidad como la uso aquí, H. W. Frei, *The Identity of Jesus Christ* (Filadelfia, Fortress Press, 1975); idem, «Theological Reflections on the Acounts of Jesus' Death and Resurrection», en H. W. Frei, *Theology and Narrative: Selected Essays* (ed. G. Hunsinger and W. C. Placher; Nueva York, Oxford University Press, 1933) 45-93; D. Patrick, *The Rendering of God in the Old Testament* (Filadelfia, Fortress, 1981); R. W. Jenson, *The Triune Identity* (Filadelfia, Fortress, 1982); R. F. Thiemann, *Revelation and Theology: The Gospel as Narrated Promise* (Notre Dame, Indiana, University of Notre Dame Press, 1985, capítulos 6-7; R. A. Krieg, *Story-Shaped Christology: Identifying Jesus Christ* (Nueva York, Paulist Press, 1988) capítulo 1; K. J. Vanhoozer, «"Does the Trinity belong in a Theology of Religions?" On Anglin in the Rubicom and the "identity" of God», en K. J. Vanhoozer, ed. *The Trinity in a Pluralistic Age* (Grand Rapids, Eerdmans, 1997) 41-71. Como apunta Vanhoozer, «la "identidad" es, por supuesto, susceptible de varios significados: unidad numérica, similitud ontológica o permanencia en el tiempo, y la identidad personal o auto continuidad» (47). El último es el significado aquí empleado. La referencia a la identidad de Dios es, por analogía, con la identidad personal humana, entendida no

y un carácter, puesto que este Dios actúa, habla y se relaciona, podemos dirigirnos a Él. En cierto sentido, la categoría mediante la cual se sintetiza el entendimiento bíblico y judío de Dios es la analogía de la identidad humana personal. Esta analogía está presente en muchas de las descripciones de Dios en la literatura bíblica y judía. En las narraciones de la Historia de Israel, por ejemplo, Dios actúa como un personaje en la Historia, que se identifica de forma similar a la que los personajes humanos de la Historia lo hacen. Tiene una identidad personal, como Abraham y David la tienen. Esto no significa que la analogía humana sea adecuada. Toda la literatura bíblica y judía, incluso aquellos pasajes que parecen, a primera vista, ingenuamente antropomórficos en su descripción de Dios, son conscientes de su trascendencia, de modo que el lenguaje y los conceptos se amplían cuando se aplican a él. Como veremos, la identidad de Dios en el razonamiento judío trasciende la analogía humana, pero su punto de partida es claramente una analogía con la identidad personal humana.

El término «identidad» es mío, y no está sacado de la literatura antigua, pero lo uso como una etiqueta para designar lo que no encuentro en ella. Esto no significa necesariamente una noción precisa de las ideas contemporáneas sobre la identidad personal, pero es claramente una preocupación sobre quién es Dios. El valor del concepto de identidad divina aparece de forma parcial si lo contrastamos con el concepto de esencia o naturaleza divina. La identidad se refiere a quién es Dios, la naturaleza trata qué es Dios o la divinidad. La filosofía griega, que tendría su influencia en la tradición teológica cristiana en el período posterior al Nuevo Testamento, definía la naturaleza divina por medio de una serie de atributos metafísicos: aseidad, incorruptibilidad, inmutabilidad, etc. Lo que quiero decir no es que la tradición bíblica y judía no usaron ciertas frases para hacer referencia a la naturaleza divina. Algunos escritores judíos del último período del Segundo templo adoptaron conscientemente un cierto lenguaje metafísico griego.[6] Pero incluso en estos escritores, el marco de trabajo conceptual dominante de su entendimiento de Dios no es una definición de la naturaleza divina –qué es la divinidad–, sino una noción de la identidad divina, caracterizada, en primer lugar, por otras cosas aparte

---

como un simple tema ontológico sin características, sino incluyendo ambos el carácter y la historia personal (el último implica relaciones). Éstas son las maneras en las que especificamos comúnmente «quién es alguien».

[6] Por ejemplo, Josefo, *Antigüedades* 1.15, 19; 8.107; C. Ap. 2.167-168.

de los atributos físicos. Por ejemplo, que Dios sea eterno, una idea esencial en todo el pensamiento judío sobre Dios, no es tanto una frase sobre cuál sea la naturaleza divina, sino un elemento de la identidad divina única, junto a las ideas de que solo Dios creó todas las cosas y las gobierna; que Dios es compasivo, misericordioso y justo; que Dios sacó a Israel de Egipto y lo hizo su pueblo; le dio su ley en el Sinaí, etc. Si queremos saber lo que el Judaísmo del Segundo Templo consideró como la unicidad del único Dios, que distinguía a Dios como único frente a la realidad externa a Él, incluyendo a los dioses adorados por los gentiles, no debemos buscar una definición de la naturaleza divina, sino las formas que caracterizan la identidad divina como única.

Características de la identidad única de Dios

Simplificando, distinguiré dos categorías para identificar los rasgos del Dios de Israel. Están los que identifican a Dios de acuerdo con su relación con Israel y los que lo hacen de acuerdo con su relación con toda la realidad. Por supuesto, ambas categorías están conectadas, pero esta distinción resultará útil para mi argumentación. Para Israel, Dios se ha revelado y se ha dado a conocer por su nombre YHWH, que era de gran importancia para los judíos del Segundo Templo, ya que nombraba la identidad única de Dios. Junto a su nombre, la identidad de Dios es conocida por Israel cuando recita sus obras en la Historia, y cuando revela su carácter a Israel. A lo largo de gran parte de la Biblia hebrea, YHWH es identificado como el Dios que sacó a Israel de Egipto y por los acontecimientos notables del período del éxodo en el que creó un pueblo para sí (por ejemplo, Éxodo 20:2, Deuteronomio 4:32-39; Isaías 43:15-17). Junto a la identificación por sus actividades, también está la descripción de su carácter, dada por Dios en su revelación a Moisés: «Señor, Señor, Dios compasivo y clemente, lento para la ira, y abundante en misericordia y verdad» (Éxodo 34:6 y constantemente repetido por toda la literatura bíblica y la última literatura judía).[7] Las obras de Dios y la descripción de su carácter se combinan para indicar una identidad que se define con aquel que actúa compasivamente para con su pueblo, y del que puede esperarse

---

[7] Números 14:18; Nehemías 9:17; Salmos 103:8; Joel 2:13; Jonás 4:2; Sir. 2:11; Pr. Man. 7; Esdras 7:132-140; Josué asen. 11:10; 1QH 11:29, 30.

que así lo haga. Por la consistencia de sus hechos y de su carácter, aquél llamado YHWH se muestra como uno y el mismo.

Junto a tales identificaciones de Dios en su relación de pacto con Israel, también existen caracterizaciones de su identidad al referirse a su relación única con toda la realidad: más específicamente, que es el Creador de todas las cosas y el rey soberano de todas ellas. Es importante que nos fijemos, en este argumento (será de importancia más adelante en este capítulo) en el que estas dos categorías de rasgos se unen de una forma especial con las expectativas escatológicas de Israel. En el futuro, cuando Dios cumpla la promesa hecha a su pueblo, y muestre definitivamente ser el Dios compasivo que han conocido en la Historia, desde el Éxodo en adelante, demostrará al mismo tiempo su deidad a las naciones, reivindicando su soberanía como Creador y Gobernador de todas las cosas cuando establezca su reino universal, y dé a conocer su nombre a todas las naciones, y todos le conozcan como el Dios de Israel. El nuevo Éxodo del futuro, especialmente el predicho en las profecías que llamamos deutero-Isaías (Isaías 40-55), será un acontecimiento de importancia universal precisamente porque el Dios que sacó a Israel de Egipto es también el Creador y el Gobernador de todas las cosas.

De momento, no obstante, abandonaremos la primera categoría, aunque no deja de tener una gran importancia para el entendimiento judío de la identidad de Dios, y volveremos a ellas en el último capítulo. Pero ahora nos centraremos en las caracterizaciones de la identidad divina única que se refieren a la relación de Dios con la totalidad. La razón es que, en la literatura del Judaísmo del Segundo templo, estos son los rasgos divinos identitarios en los que se centraban los judíos cuando querían significar a Dios como único.

Para nuestras preguntas «¿En qué consistía lo que el Judaísmo del Segundo Templo consideraba como unicidad de Dios? ¿Qué distinguía a Dios de la realidad externa, incluyendo a los dioses gentiles?» la respuesta que se da una y otra vez, en una gran variedad de la literatura judía del Segundo Templo, es que solamente el único Dios, YHWH, el Dios de Israel, es el único Creador de todas las cosas,[8] y el único Gobernador de

---

[8] Isaías 40:26; 42:5; 44:24; 45:12, 18; 48:13; 51:16; Neh. 9:6; Oseas 13:4 LXX; 2 Mac 1:24; Sir. 43:33; Bel 5; *Jub.* 12:3-5; *Oráculos Sibilinos* 3:20-35; 8:375-376; Frag. 1:5, 6; Frag. 3; Frag. 5; *2 Enoc* 47:3-4; 66:4; *Apoc. Abr.* 7:10; *Pseudo-Sófocles; José y Asenet* 12:1, 2; T. Job 2:4.

ellas.⁹ Aunque estas características no son en modo alguno *suficientes* para identificar a Dios (ya que no dicen nada, por ejemplo, sobre su bondad o su justicia), son los rasgos que distinguen más fácilmente a Dios de todo lo demás. Solo Dios creó todas las cosas: todo, incluido los dioses de los gentiles, está sujeto a Él. Estas formas de distinguir a Dios como único constituyeron una manera muy fácil e inteligible de definir la unicidad del Dios que adoraban. Cualquier judío en cualquier sinagoga en el período del Segundo Templo las hubiera conocido, sin dudas. A pesar de lo diverso que el Judaísmo pueda haber sido en otros aspectos, esto era común: solamente el Dios de Israel merece adoración porque es el único creador de todas las cosas y el único que gobierna sobre todas las cosas. Otros seres que pudieran ser considerados divinos son, según este criterio, criaturas y objetos de Dios.

El énfasis en la unicidad de Dios como Creador y Gobernante Soberano de la Historia aparece en la Biblia hebrea, especialmente en las declaraciones divinas sobre la única deidad de Dios de deutero-Isaías, donde se origina la expectativa de que Dios demostrará su deidad única al final del mundo, en el futuro. Volveremos con frecuencia al deutero-Isaías en este libro. Tales capítulos en Isaías eran, además de la Torá, la fuente más importante del Monoteísmo judío del Segundo Templo. Una y otra vez, las expresiones del deutero-Isaías sobre la unicidad de Dios tienen eco en la literatura judía posterior. El Señor es Dios, y no existe ningún otro dios a su lado[10]. Es aquel que creó todas las cosas y reina de forma suprema sobre ellas. Estos temas recorren desde el deutero-Isaías hasta toda la literatura del Judaísmo del Segundo Templo.

Ambos aspectos de la identidad única de Dios son aspectos de su absoluta supremacía sobre todas las cosas, y están frecuentemente muy conectados en la literatura. Existe un aspecto, no obstante, que será importante para el argumento de estas conferencias, en el que difieren. En la creación Dios actuó solo: «Yo solo extiendo los cielos y afirmo la

---

[9] Daniel 4:34-35; Bel 5, add. Est. 13:9-11; 16:18, 21; 3 Mac 2:2-3; 6:2; Sabiduría 12:13; Sir. 18:1-3; *Oráculos Sibilinos* 3:10,19; Frag. 1:7, 15, 17, 35. *1 Enoc* 9:5; 84:3, *2 Enoc* 33:7; *2 Bar.* 54:13; Josefo, *Antigüedades* 1:155, 156.

[10] Esta fórmula monoteísta aparece muy frecuentemente en la Biblia hebrea y en la literatura Judía del período del Segundo Templo. Deuteronomio 4:35, 39, 32:39; 1 Samuel 2:2; 2 Samuel 7:22; Isaías 43:11;44:6; 45:5, 6, 14, 18, 21, 22; 46:9; Oseas 13:4, Joel 2:27; Sabiduría 12:85; Jdt. 8:20; 9:14; Bel 41; Sir. 24:24; 36:5; 4Q504 [4QDibHam] 5:9; 1Q35 1:6; Bar. 3:36; *2 Enoc* 33:8; 36:1; 47:3, *Oráculos Sibilinos* 3:629, 760, 8:377; *T. Abr.* A8:7; *Orphica* 16, Filón, *Leg. All.* 3.4, 82.

tierra sin ayuda» (Isaías 44:24). Como el único Eterno (otra caracterización de Dios frecuente y relacionada en el período del Segundo Templo),[11] Dios solo dio vida a todos los demás seres. Dios no tenía ayudantes, asistentes, o siervos para asistir o realizar su labor de creación.[12] Dios solo creó y nadie más tomó parte en esta actividad. Esto es axiomático para el Judaísmo del Segundo Templo.

No obstante, Dios empleó sirvientes, especialmente las miríadas de ángeles, en su soberanía sobre el Universo y la Historia. Aquí, la imagen dominante es la de Dios como el gran emperador que gobierna el Cosmos como su reino, y emplea, como un emperador humano, un gran número de sirvientes que realizan su voluntad a lo largo de su Imperio. En este sentido, la actividad de los que llevan a cabo la voluntad de Dios es importante, pero el interés judío en enfatizar la unicidad de la soberanía total de Dios significa que los ángeles son invariablemente retratados como sirvientes cuyo papel es simplemente realizar la voluntad de Dios en total obediencia. No comparten su reinado: le sirven. Mientras Dios se sienta en su trono, los ángeles, incluso los más importantes, permanecen en una postura de sirvientes, esperando sus órdenes para servir.[13] La supremacía de Dios se describe frecuentemente en las evidentemente poderosas imágenes de altura.

El gran trono de Dios, desde el cual gobierna todo el Cosmos, se sitúa en el cielo de los cielos, exaltado sobre los muchos reinos celestiales[14] en los que sus gloriosos sirvientes angelicales cantan alabanzas y hacen su voluntad. Incluso los ángeles más exaltados de Dios no pueden acercarse al excelso y elevado trono,[15] el cual se alza sobre ellos en la cúspide del Universo.

De modo que la participación de otros seres en la supremacía única de Dios sobre todas las cosas se descarta, en el caso de la Creación y en

---

[11] Tobías 13.1; Sir. 18:1; 2 Mac. 1:25; *T. Mos.* 10:7; *1 Enoc* 5:1.

[12] Isaías 44:24; 2 Enoch 33:4; 4 Esdras 3:4; Josefo, C. Ap. 2.192. Incluso la exégesis de Génesis 1:26 realizada por Filón (*De Opif. Mundi 72-75; De Conf. Ling. 179*) es solamente una calificación menor de esta negación: insiste en que Dios actuó solo en la creación de todas las cosas excepto de la Humanidad, y sostiene que el plural en Génesis 1:26 involucra a trabajadores subordinados de Dios de modo que, mientras las acciones humanas buenas pueden atribuir su fuente a Dios, los pecados no lo pueden hacer.

[13] Daniel 7:10; Tobías 12:15; 4Q530 2.18; *1 Enoc* 14:22; 39.12; 40.1; 47:3; 60:2; *2 Enoc* 21:1; *Qu. Esdras* A26, 30; *2 Baruc* 21:6; 48:10; *4 Esdras* 8:21, *T. Abr.* A7:11; 8:1-4; 9:7-8; *T. Adam* 2:9.

[14] Isaías 57:15; 3 Mac. 2:2; *4 Esdras* 8:20-21; *2 Enoc* 20:3J.

[15] Por ejemplo, *1 Enoc* 14:18-22.

su soberanía sobre el Cosmos, al ponerlos en subordinación estricta como sirvientes, excluyendo toda posibilidad de interpretar su papel como ayudantes del reinado.

La adoración exclusiva de YHWH como reconocimiento de su identidad única

Junto con estas dos maneras principales de caracterizar la identidad única de Dios, debemos dejar claro que esa identidad única juega un papel diferente, pero esencial, en el Monoteísmo judío. Se trata de monolatría, la adoración exclusiva de un solo Dios. No cabe duda de que en la práctica religiosa éste era el factor que señalaba más claramente la distinción entre Dios y la realidad externa.[16] Dios debe ser adorado; ningún otro ser debe serlo.[17]

La preocupación penetrante de los judíos en el período del Segundo Templo sobre la unicidad de Dios puede verse en sus escrúpulos sobre cualquier práctica que pudiera ser interpretada como adoración de humanos o de seres considerados dioses por otros.[18] Los judíos se distinguían claramente de los no judíos por sus prácticas monólatras. Los no judíos creían o adoraban un Dios excelso, pero nunca suponía incompatibilidad con la adoración de dioses menores.[19]

Algunas teorías recientes tienden hacia la posición de que la adoración exclusiva de un dios es realmente el factor que define a Dios como único

---

[16] R. Bauckham, «Jesus, Worship of», ABD 3. 816 («El judaísmo era único entre las religiones del mundo romano en demandar la adoración exclusiva de su Dios. No es exagerado decir que el Monoteísmo judío se definía por su adhesión al primer y segundo mandamiento»); ídem, *The Climax of Prophecy: Studies on the Book of Revelation* (Edimburgo, T. & T. Clark, 1993) 118; ídem, *The Theology of the Book of Revelation* (Cambridge, Cambridge University Press, 1993) 58-59

[17] Para la frágil evidencia abducida de algún tipo de veneración de los judíos a los ángeles, ver L. Stuckenbruk, *Angel Veneration and Christology* (WUNT 2/70, Tübingen, Mohr [Siebeck], 1995) 45-203, C. E. Arnold, *The Colossian Syncretism* (Grand Rapids: Baker Books, 1996) 32-89. Mientras puede haber algunas ocasiones marginales de adoración de ángeles, como muestran las numerosas pruebas de la invocación de ángeles en las prácticas de magia, es muy dudoso que un número sustancial de judíos tratara a los ángeles de una manera que ellos mismos hubieran considerado comparable, incluso en el grado, con la adoración a Dios. Las oraciones ocasionales a los ángeles no deben confundirse con adoración.

[18] Add. Ester 13:12-14; Filón, Leg. Gai. 116: cf. Hechos 10:25, 26.

[19] Ver J. M. G. Barclay, *Jews in the Mediterranean Diaspora from Alexander to Trajan* (323 BCE–117 CE) (Edimburgo: T&T. Clark, 1996) 429-434.

en el Judaísmo del Segundo Templo.[20] Esto es confuso, bajo mi punto de vista, porque la adoración exclusiva del Dios de Israel es precisamente *un reconocimiento y una respuesta* a su identidad única. Es la identidad única de Dios la que requiere adoración para Él solamente. La adoración de otros seres es inapropiada porque no comparten su identidad única. La adoración de Dios, junto con la negativa a adorar a otro ser, es el reconocimiento de la distinción absoluta entre Dios y la realidad externa.

La distinción en las prácticas cúlticas entre los judíos y otros que reconocían a un Dios supremo es, de hecho, correlativa con la diferencia de la concepción monoteísta. La opinión típicamente helenista era que la adoración es una cuestión de grado porque la divinidad es una cuestión de grado. Las divinidades menores se merecen grados de adoración apropiados. Los monoteístas filosóficos, que sostenían que los otros seres divinos derivan al final del único, pensaban, no obstante, que la divinidad derivada de los seres divinos menores era merecedora de reconocimiento apropiado en la adoración cúltica. La noción de una jerarquía o un espectro divino que comprendía desde el único Dios hasta los dioses de los cuerpos celestiales, los demonios de la atmósfera y la tierra, estaba presente en todas las religiones y pensamientos religiosos no judíos, y era inseparable de la pluralidad de prácticas cúlticas en honor a una gran variedad de divinidades. Los judíos entendían que su práctica monólatra estaba justificada, incluso requerida, porque la identidad única de YHWH era entendida para situarle a Él no meramente en la cúspide de la jerarquía divina, sino en una categoría absoluta única, más allá de la comparación con cualquier otra cosa. La adoración era el reconocimiento de esta característica incomparable y única de Dios. Era la respuesta a la revelación de YHWH como el creador único y gobernador de todo.

Así, la monolatría judía del Segundo Templo no era el sustituto de la falta de un concepto claro de unicidad divina. Era la consecuencia de la noción de la identidad única de Dios, cuidadosamente enmarcada para indicar la absoluta distinción entre Dios y lo todo lo demás. El requerimiento de adoración exclusiva y las maneras comunes de caracterizar la identidad única de Dios estaban correlacionadas y se reforzaban mu-

---

[20] Hurtado «What do We Mean», 348-368. Intenta otorgar a la adoración el papel principal en la definición del Monoteísmo judío, más allá de su anterior *Un Dios*. He tendido hacia esta posición en R. Bauckham, «Jesus, Worship of», ABD 3.816: «El judaísmo era la única de las religiones del mundo romano que demandaba la adoración exclusiva de su Dios. No es excesivo decir que el Monoteísmo judío se definía por su adhesión al primer y al segundo mandamiento».

tuamente. Por otro lado, el hecho de que adorar a otros seres además de Dios es inapropiado, podía justificarse al señalar que tales seres eran creados por Dios, y eran ministros de su voluntad, no fuentes independientes de bondad.[21] En otras palabras, no son partícipes de la identidad única de Dios el creador y gobernador de todas las cosas y, como consecuencia, no merecen adoración, que es el reconocimiento de esa identidad única.

Algunos relatos filosóficos helenistas sobre un Dios supremo como única fuente de los demás seres y dueño de todas las cosas, se corresponden bastante con las ideas monoteístas judías.[22] El lenguaje de tales relatos pudiera haber sido apropiado por algunos autores judíos. En este caso, la definición formal de la identidad única del único Dios puede ser muy parecida, pero la idea judía de que tal Dios requiere adoración exclusiva realza la importancia de la distinción realizada entre el único Dios y lo demás.

Mientras que la tendencia del pensamiento no judío es asimilar tales ideas de unicidad divina en patrones de pensamiento en los que el Dios supremo es la cúspide de una jerarquía divina, o el origen de un espectro de divinidades, la tendencia del pensamiento judío es acentuar la distinción absoluta entre Dios y todo lo demás como figuras dominantes de la visión judía del mundo. El sentimiento judío profundamente enraizado de que la identidad única de Dios requiere adoración exclusiva jugó un papel importante en esta diferencia.

Monoteísmo judío y figuras «mediadoras»

Las pruebas de que los judíos de este período podían hacer fácilmente, y acostumbraban a hacerlo, una distinción clara entre Dios y la realidad, son mucho más considerables que las escasas pruebas aducidas por aquellos que argumentan que las llamadas figuras mediadoras distorsionaban esta distinción. Metodológicamente hablando, es imperativo partir del claro consenso del Monoteísmo del Segundo Templo para tratar las pruebas más ambiguas sobre las llamadas figuras mediadoras sobre las que nos

---

[21] Por ejemplo, Josefo, *Antigüedades* 1.155-156; 2 Enoc 66:4-5 [J]; Oráculos Sibilinos 3:20-35.

[22] Ver, por ejemplo, la doctrina de Dios en el tratado seudo-aristotélico *De Mundo*, resumido por R. M. Grant, *Gods and the One God* (Londres, SPCK, 1986) 78, 79.

centramos ahora. La pregunta que necesitamos hacernos en el caso de tales figuras es: Según los criterios que los textos judíos del Segundo Templo utilizan para distinguir al único Dios del resto de la realidad externa, ¿Estas figuras pertenecen a la identidad única de Dios o no? ¿Son intrínsecas a la identidad única de Dios como único Dios o son criaturas y sirvientes de Dios, aunque exaltados? Los criterios que cuentan son aquellos mediante los cuales los judíos del período distinguían la identidad única de Dios, no otros posibles criterios sobre la divinidad que no eran definitivos para ellos.

Una vez aplicados estos criterios, casi en cada caso, la pregunta que yo hubiera hecho se puede responder fácilmente. En otras palabras, algunas de estas figuras son descritas sin ambigüedades como intrínsecas a la identidad única de Dios, mientras que otras son excluidas sin ambigüedades. Por desgracia, no disponemos del espacio para argumentar cada caso de la forma que requiere ser argumentado, examinando los textos en detalle. Lo único posible, en el contexto presente, es resumir los argumentos de manera general.

Podemos distinguir dos categorías de figuras mediadoras. La primera ha sido llamada ángeles principales y patriarcas exaltados.[23] Éstas son figuras angélicas o humanas que juegan un papel muy importante en el gobierno de Dios en el mundo. Son tanto ángeles muy importantes, como *Miguel* en la literatura del *Qumrán* o *Yahoel* en el *Apocalipsis de Abraham*, o figuras humanas, como Moisés en la obra de *Ezequiel the Tragedian* o el Hijo del Hombre en las *Parábolas de Enoc*, si es correcto pensar que esa obra identifica al Hijo del hombre con Enoc exaltado hacia el cielo. La segunda categoría de figuras mediadoras consiste en personificaciones o *unificaciones* de aspectos del mismo Dios, como su Espíritu, su Palabra y su Sabiduría.

Debido a su importancia para la Cristología primitiva, me limitaré en el debate presente a su Palabra y Sabiduría. En mi opinión, la literatura judía en cuestión, por lo general, excluye sin equívocos las figuras de la primera categoría de la identidad única de Dios, mientras que incluye, también sin equívocos, las figuras de la segunda categoría dentro de la identidad única de Dios.

---

[23] Hurtado, *One God*, 17.

Figuras «mediadoras»: ángeles principales y patriarcas exaltados

Aplicando nuestros criterios, no encontramos ninguna sugerencia en la literatura de que los ángeles principales o los patriarcas exaltados participen en la tarea de la Creación. Se trata claramente de seres creados.[24] En relación con el reinado de Dios sobre el Cosmos, la literatura judía del Segundo Templo concibe nítidamente un pequeño grupo de ángeles situados en lugares altos,[25] que forman una especie de concilio de jefes de estado, cada uno a cargo de algún gran aspecto de la gobernación divina del Cosmos.[26] Esta imagen ha sido distorsionada por la creencia, según los estudios más recientes, de que la literatura frecuentemente concibe a un ángel principal único (aunque la identidad de este ángel varía según los textos), un tipo de gran visir o plenipotenciario, en quien Dios delega toda la gobernación del Cosmos.[27] En mi opinión, esta figura aparece en muy pocos[28] textos. Una lectura menos cuidadosa de los textos ha manufacturado por error tal figura. Por ejemplo, en algunas obras el arcángel Miguel, que es el príncipe celestial de Israel, sienta precedentes como el más importante de los ángeles.[29]

Esto se corresponde con la posición preeminente de Israel en el gobierno de Dios sobre el mundo. Pero no significa que Miguel esté a cargo de la labor de todos los ángeles. No existe ninguna sugerencia, por ejemplo, de que los ángeles que están a cargo de las obras de la Naturaleza,

---

[24] Para ángeles como seres creados, ver *Jub.* 2:2; *Bib. Ant.* 60:2; *2 Bar.* 21:6; *2 Enoc* 29:3; 33:7.

[25] Siete en *1 Enoc* 20:1-8; Tobías 12:15; Apocalipsis 8:2; cuatro en *1 Enoc* 9:1; 10:1-11; 40:3-10; 54:6; 71:8-9; 1QM 9:15-16; *Ap. Mos.* 40:3.

[26] Por ejemplo, *1 Enoc* 20:2-8; 40:9.

[27] Por ejemplo, A. F. Segal, *Two Powers in Heaven* (SJLA 25; Leiden: Brill, 1977) 186-200; Hurtado, *One God*, 71-82; P. Hayman, «Monotheism: A Misused Word in Jewish Studies?», *JJS* 42 (1991) 11; Barker, *The Great Angel*.

[28] Encuentro la idea de un vicerregente individual de Dios sólo en los siguientes casos, donde parecen obrar consideraciones especiales: el arcángel (probablemente Miguel) en *José y Asenet*, donde su papel en el cielo es comparable al papel de José en Egipto (14:8, 9; cf. Génesis 45:8); el Espíritu de verdad del Príncipe de Luz (también identificado con Miguel) en algunos textos del Qumrán (especialmente en 1QS 3:15-4:1), donde el papel se debe más bien a los rasgos distintivos del dualismo de Qumrán; y el Logos en Filón, quien tenía su popias razones filosófico-teológicas para concebir un mediador individual para todas las relaciones divinas con el mundo. Las otras figuras llamadas mediadoras tienen papeles mucho más limitados.

[29] *1 Enoc* 40:9; cf. T. *Mos.* 10:1; 1QM 17:7-8.

una parte extremadamente importante de la actividad angélica en el mundo, estén bajo la autoridad supervisora de Miguel. Miguel está por encima de los demás ángeles principales, pero él no tiene autoridad sobre sus esferas de gobierno. De modo que la noción de un virrey celestial, el siguiente después de Dios en estar a cargo del Cosmos, una idea estandarizada en la visión judía del Cosmos, es una ficción. Este supuesto precedente a la Cristología debe ser olvidado.

Los ángeles más exaltados sirven a Dios, no participan de su gobierno. Dos rasgos, entre otros, aclaran este concepto. En primer lugar, nunca se sientan con Dios en su trono celestial, el símbolo obvio que podrían haber utilizado los escritores judíos en sus descripciones de los cielos, para retratar a un virrey o un cogobernador. Por el contrario, permanecen en postura de sirvientes.[30] En segundo lugar, no solamente no son nunca adorados, sino que rechazan explícitamente la adoración. Se les retrata haciendo esto en una serie de textos que forman una tradición literaria estereotipada, claramente diseñada para distinguir ángeles exaltados, quienes se declaran a sí mismos meros sirvientes de Dios.[31] Estos textos claramente despliegan los criterios de soberanía y de adoración para marcar la diferencia entre el Dios que reina sobre todas las cosas y que, por lo tanto, debe ser adorado y, por otro lado, los seres celestiales gloriosos que, siendo solamente sirvientes de Dios, no deben ser adorados.

Existe únicamente una excepción que confirma la regla. En las Parábolas de Enoc, el Hijo del Hombre será puesto por Dios en el futuro, en el día escatológico del juicio, en el mismo trono de Dios para ejercer el juicio en nombre de Dios.[32] También será adorado.[33] Éste es el único

---

[30] Tobías 12:15; T. Abr. A7:11; 8:1-4; 9:7, 8; cf. también Lucas 1:19.

[31] Los ejemplos más claros en la literatura judía son Tobías 12:16-22; *Apoc. Zeph.* 6.11-15; *3 Enoc* 16:1-5; *Cairo Genizah Hekhalot* A/2, 13-18, y en la literatura cristiana, Apocalipsis 19:10; 22:8-9; *Ascen. Isaías* 7:18-23; 8:1-10; *Apocalipsis Paul* [final cóptico]; *Apocryphal Gos. Matt.* 3:3; cf. también *2 Enoc* 1:4-8; *3 Enoc* 1:7; *Lad. Jac.* 3:3-5; *José y Asenet* 14:9-12; 15.11-12. Todos son estudiados en R. Bauckham, «The Worship of Jesus in Apocaliptic Christianity», *NTS* 27 (1980-81) 322-341; versión revisada en ídem, *The Climax*, capítulo 4; ver también L. T. Struckenbruck, «An Angelic Refusal of Worship: The Tratition and Its Function in the Apocalypse of John», *SBLSP* 1994, 679-696; idem, *Angel Veneration*, 75-103.

[32] *1 Enoc* 61:8; 62:2, 5; 69:27, 29; cf. 51:3.

[33] 46:5; 48:5; 62:6,9. Esta adoración no puede ser entendida meramente como una expresión de sumisión a una política superior, dado que el Hijo del Hombre se sienta en el trono de Dios. En tal contexto es reconocimiento de la única soberanía divina sobre el mundo.

ejemplo de una figura angélica o un patriarca exaltado que haya sido incluido en la identidad divina: participa en la soberanía divina única y, por lo tanto, en reconocimiento a su ejercicio de soberanía divina, recibe adoración. Su inclusión en la identidad divina es parcial, ya que no juega ningún papel en la labor de la Creación, o incluso en la soberanía divina hasta el día del juicio final y, por lo tanto, su inclusión en la identidad divina permanece equívoca. Pero él es el único caso equívoco que muestra, por contraste, la ausencia en otros casos de cualquier criterio mediante el cual los judíos del Segundo Templo consideraban que una figura celestial compartía la identidad divina.[34]

Figuras «mediadoras»:
Aspectos divinos personificados o unificados

La segunda categoría de figuras mediadoras, aspectos de Dios personificados o unificados, resulta ser, con los mismos criterios, muy diferente. Tanto el Verbo como la Sabiduría de Dios toman parte de la Creación, en ocasiones con papeles distinguibles[35], a veces intercambiables.[36] Los textos en cuestión dejan bien claro que no están infringiendo la insistencia estándar monoteísta de que Dios creó sin ningún tipo de ayuda.[37] 2 Enoc 33:4, haciéndose eco del deutero-Isaías (Isaías 40:13),[38] dice que Dios no tenía consejero en la Creación, pero que su Sabiduría era su consejera. El significado es claramente que Dios no tenía *a nadie* para aconsejarle.

---

[34] Un segundo caso es frecuentemente sugerido: Moisés, en el *Exagoge* de Ezequiel The Tragedian (68-69), pero en mi opinión, este pasaje ha sido ampliamente mal entendido. Moisés en un sueño se ve sustituyendo a Dios en el trono del Universo. La interpretación de Raguel entiende que se trata de un símbolo de la carrera de Moisés como rey y profeta de Israel. Lo que Dios es en relación con el Cosmos, Moisés será en relación con Israel. Ezequiel está ofreciendo la interpretación de la frase en Éxodo 7:1: el Dios de Moisés hará a Moisés «Dios». El sueño ha descrito esto literariamente (Dios deja vacío su propio trono cósmico y sienta a Moisés), pero el significado del sueño es su interpretación como metáfora del papel terrenal de Moisés. Cf. Génesis 37:9, 10: En el sueño de José, recibe la adoración de cuerpos celestes que se da a Dios, pero el significado del sueño es que sus hermanos y familiares le servirán.

[35] Salmos 33:9; *4 Esdras* 6:38; *2 Bar.* 56:3-4; *2 Enoc* 33:4.

[36] *Sabiduría*: Jer. 10:12; 51:15; Sal. 104:24; Prov. 3:19; 8:30; Sir. 24:3b, Sabiduría 7:22; 8:4-6; cf. 1QH 9:7, 14, 20; Sabiduría 9:2, *Verbo*: Sal. 33:6; Sir. 42.15; *Jub.* 12:4; *Oráculos Sibilinos* 3:20; *2 Bar.* 14:17; 21:4; 48:8; *4 Esdras* 6:38; T. abr. A9:6; Sabiduría 9:1.

[37] Isaías 44:24; *2 Enoc* 33:4, *4 Esdras* 3:4; Josefo C. Apocalipsis 2.192.

[38] Cf. Sir. 42:21; *1 Enoc* 14:22; Sabiduría 9:13, 17; 1QS 11:18, 19.

Su Sabiduría, que no es nadie, sino una cualidad intrínseca a su propia identidad, le aconsejó. De manera similar, su Sabiduría se describe sentada en el gran trono junto a Dios, participando del ejercicio de su soberanía al adoptar el papel de consejero del rey (*1 Enoc* 84:2, 3; Sabiduría 9:4, 10). Aquí la imagen que la literatura se abstiene de aplicar a ningún sirviente angelical de Dios se aplica a la Sabiduría, sin que esto vaya en detrimento de la clara distinción entre Dios y el resto de la realidad, porque precisamente este símbolo sirve para incluir a la Sabiduría en la identidad única del Dios que gobierna el Cosmos desde su exaltado trono único. En general, las personificaciones de la Palabra de Dios y de la Sabiduría de Dios en la literatura no son paralelas con las descripciones de los ángeles exaltados como sirvientes de Dios. Las personificaciones han sido desarrolladas precisamente a partir de la ideas de la propia Sabiduría y Palabra de Dios, es decir, aspectos de la identidad propia de Dios. Expresan a Dios de diferentes formas, su mente y su voluntad, en relación con el mundo. No son seres creados, pero no son entidades semi-divinas que ocupan un lugar ambiguo entre Dios y el resto de la realidad. Pertenecen a la identidad divina única.

Mi conclusión de que la Palabra y la Sabiduría de Dios son intrínsecos a la identidad divina única, como es entendido en el Monoteísmo Judío, no decide la cuestión (la cual, en mi opinión, debe ser secundaria) de si la personificación de estas figuras en la literatura es meramente un recurso literario o si son concebidas como teniendo alguna forma de existencia distintiva, en realidad. Creo que existe un buen argumento para esta última, por lo menos en algunos de los textos sobre la Sabiduría (por ejemplo, *Sabiduría* 7:22-8.1), pero esto no significa que la Sabiduría sea concebida como un ser divino subordinado intrínseco a la identidad del único Dios. Significa que estos escritores judíos concibieron alguna forma de distinción real dentro de la identidad única del único Dios. Si es así, no están abandonando, o en ningún caso comprometiendo su Monoteísmo judío. El entendimiento judío del Segundo Templo sobre la unicidad divina no lo define como unitario y no hace que las distinciones dentro de la identidad divina sean inconcebibles. Su distinción perfectamente clara entre Dios y la realidad externa se realiza en otros términos que, en este caso, sitúan a la Sabiduría de Dios inequívocamente dentro de la identidad divina única.

Preguntas para la reflexión

1. ¿Cómo entendía el Monoteísmo judío primitivo la figura de Dios?
2. ¿En qué dos categorías clasifica el autor los rasgos que definen al Dios de Israel?
3. ¿Por qué es tan importante el nombre de Dios para Israel? ¿A qué hace referencia?
4. ¿Qué características del Dios de Israel le hacían ser el único merecedor de adoración?
5. ¿Qué papel jugaron los ángeles en la Creación divina del Universo?
6. ¿Qué dos categorías de figuras mediadoras pueden distinguirse en la literatura judía del Segundo Templo?

Capítulo 2

Monoteísmo cristológico en el Nuevo Testamento

Cristología de la identidad divina

En el capítulo anterior he bosquejado un análisis de la naturaleza del Monoteísmo judío del Segundo Templo, argumentando que la categoría mediante la cual podemos comprender mejor cómo los judíos de ese período entendían a Dios es la identidad única del Dios de Israel. He razonado que ese judaísmo era totalmente autoconsciente y estrictamente monoteísta, en el sentido de que tenía un concepto claro de la distinción absoluta entre Dios y el resto de la realidad, con grandes implicaciones para la práctica religiosa. La unicidad de la identidad divina se caracterizaba especialmente por dos rasgos: que Dios es el único creador de todas las cosas y que Él es el que las gobierna. A esta identidad única le corresponde la monolatría, la adoración exclusiva del único Dios así caracterizado. La adoración, en la tradición judía, es el reconocimiento de la identidad divina única y debe ser coherente con el que creó y gobierna todas las cosas, pero puede no serlo con otros seres, todos creados y supeditados al Dios verdadero. Finalmente, he comentado (aunque no de forma detallada) que las llamadas figuras mediadoras, que aparecen en algunos textos judíos del período, no difuminan, como frecuentemente se dice, la línea de distinción absoluta que el Monoteísmo judío mantenía para separar a Dios del resto de la realidad. Al contrario, si permitimos que los criterios propios del judaísmo para distinguir entre Dios y todo lo demás funcionen en los textos, como lo hacen, encontramos que, casi sin excepción, estas figuras carecen de ambigüedad tanto fuera de la identidad única de Dios, de modo que en ningún sentido propiamente judío pueden considerarse divinas, como dentro de la identidad única de Dios, de modo que son intrínsecas a la identidad propia de Dios como el único Dios. Los ángeles más relevantes y los patriarcas más significativos no participan de la labor creadora única de Dios, como tampoco participan del ejercicio de poder de Dios al compartir su trono divino; simplemente llevan a cabo sus deseos como servidores, por lo que no deben ser adorados. El Verbo y la Sabiduría de Dios, por otro lado, sí participan de la labor creadora y de su soberanía, por lo tanto pertenecen intrínsecamente a la identidad única de Dios. En ningún caso, una vez que entendemos cómo el Monoteísmo judío distinguió entre Dios y el resto de la realidad, se difumina la distinción.

El presente capítulo construirá un argumento sobre la Cristología del Nuevo Testamento basado en este entendimiento del Monoteísmo judío. Una vez más, no podemos proporcionar más que una muestra reducida de la evidencia de esta cuestión, que debe acompañar todos los textos cristológicos importantes del Nuevo Testamento. Me concentraré en ilustrar un modo de leer los textos que pone bajo una nueva luz el carácter de la Cristología del Nuevo Testamento. En esta exposición, el entendimiento del Monoteísmo judío que he propuesto servirá como clave hermenéutica de cómo los textos del Nuevo Testamento relatan que Jesucristo es el Dios único del Monoteísmo judío. Nos permitirá ver que la intención de la Cristología del Nuevo Testamento es incluir a Jesús en la identidad divina única, a través de los textos, según la idea judía del tema. Los escritores lo hacen deliberadamente y de forma generalizada, al utilizar precisamente aquellas características de la identidad divina sobre las cuales el Monoteísmo judío se centraba en caracterizar a Dios como único. Incluyeron a Jesús en la soberanía divina única sobre todas las cosas, le identificaron con el nombre divino que denota la identidad divina única, y le describieron como merecedor de adoración que, para los monoteístas judíos, es un reconocimiento de la identidad divina única. De esta forma desarrollaron un tipo de Monoteísmo cristológico como una continuación del anterior Monoteísmo judío, pero con la diferencia de que ve a Jesús como intrínseco a la identidad del único Dios.

Discutiré lo que a cualquier conocedor del estudio de la Cristología del Nuevo Testamento le parecerá una tesis sorprendente: que la Cristología más sublime posible, es decir, la inclusión de Jesús en la identidad divina única, era central para la fe de la Iglesia primitiva incluso antes de que cualquiera de los textos del Nuevo Testamento fueran escritos, ya que aparece en todos ellos. Aunque hubo un desarrollo en el entendimiento de esta inclusión de Jesús en la identidad de Dios, el paso decisivo se dio al principio de la Cristología. Para este razonamiento, es esencial el reconocimiento de que esta alta Cristología era completamente posible de acuerdo con la manera de pensar del Monoteísmo judío que hemos presentado. Al ser tan nueva, no requería el rechazo de la fe monoteísta que los primeros cristianos compartían como axioma con todos los judíos. Que el Monoteísmo judío y la alta Cristología estaban de algún modo en tensión es una de las equivocaciones comunes en este campo que debemos permitir que los textos disipen. Los escritores del Nuevo Testamento entendían que su herencia monoteísta judía no era de ningún modo, un obstáculo para la inclusión de Jesús en la identidad divina; utilizaron ampliamente sus recursos precisamente para incluir a Jesús en la identidad divina, y vieron en esta inclusión el cumplimiento de las expectativas escatológicas del Monoteísmo judío, según las cuales el único Dios sería reconocido universalmente como tal en su gobierno universal sobre todas las cosas.

Como comenté al principio del primer capítulo, los recientes intentos de hacer una alta Cristología inteligible como un desarrollo dentro de un contexto completamente judío se han centrado en las llamadas figuras mediadoras, como precedentes o paralelas a ella. La convicción ha sido que una identificación directa de Jesús con el único Dios hubiera sido imposible para los monoteístas judíos, mientras que las diferentes figuras, supuestamente con un estatus semidivino o al menos ambiguo, participando de la divinidad de alguna manera subordinada, dejan un lugar en el Monoteísmo judío para otorgar atributos y funciones divinas a Jesús. Esta creencia es, en mi opinión, casi exactamente lo opuesto a la verdad. Lo que el Monoteísmo judío no podía acomodar eran precisamente elementos semi-divinos, deidades subordinadas, divinidad por delegación o participación. El quid para la compatibilidad entre el Monoteísmo judío y la alta Cristología en el movimiento cristiano primitivo no es la idea de que aquél hizo un sitio a semidivinidades ambiguas, sino el reconocimiento de que su idea de la identidad única de Dios permitía un lugar para la inclusión de Jesús en tal identidad. Aunque tal paso no tenía precedentes, el carácter del Monoteísmo judío no lo hacía imposible. Es más, no era un paso que se pudiera dar gradualmente ascendiendo en las creencias cristológicas. Poner a Jesús en la posición de, por ejemplo, un sirviente angélico de Dios de muy alto rango no supondría subir un peldaño en la asimilación de Jesús con Dios, porque la distinción absoluta entre Dios y toda la realidad externa todavía tendría que superarse. El paso decisivo de incluir a Jesús en la identidad única de Dios podía haberse facilitado anteriormente por pasos menos radicales. Era un paso que, cuando se tomara, tenía que ser simplemente aceptado como tal y *de novo*. No se hace más inteligible por estar situado al final de un largo proceso de desarrollo cristológico. Desde mi punto de vista, las pruebas del Nuevo Testamento se explican mejor si este paso se hubiera dado muy al principio y fuera un aspecto fundamental sobre el cual descansa todo el desarrollo cristológico posterior.

El Jesús exaltado participa de la soberanía única de Dios sobre todas las cosas

En una primera etapa, como se presupone y se refleja en todos los escritos del Nuevo Testamento, los cristianos entendieron que Jesús había sido exaltado después de su muerte al trono de Dios en el cielo más alto. Allí, sentado con Dios en su trono, Jesús ejercita o participa del señorío único de Dios sobre todo el Cosmos. Este paso decisivo de entender que un ser humano pudiera participar de la soberanía divina única del Cosmos no tenía precedentes. No lo encontramos en los ángeles más relevantes o los patriarcas más significativos de la literatura judía del Segundo Templo. Se trata de una novedad radical que lidera las demás ideas cristológicas exaltadas en los textos neotestamentarios. Pero aunque se trata de una novedad, su significado depende del contexto conceptual monoteísta judío en el que los primeros cristianos creían. Dado que la soberanía única de Dios sobre todas las cosas era precisamente uno de los dos rasgos fundamentales que caracterizaban la identidad única de Dios en oposición a la demás realidad, esta confesión de Jesús reinando en el trono divino era un reconocimiento de su inclusión en la identidad divina única, distinguiendo decisivamente a Jesús, como el mismo Dios, de cualquier servidor celestial. Veremos más evidencias de esta idea a medida que continuemos.

Salmo 110:1 en la Cristología primitiva

La Teología cristiana primitiva, como una teología judía de la época, procedía principalmente de la exégesis de las Escrituras hebreas. La exégesis creativa de las Escrituras era el medio principal mediante el cual los primeros cristianos desarrollaron hasta el aspecto más nuevo de su pensamiento, un punto que deberemos tener en cuenta más adelante en este libro. Pero la idea es importante ahora, debido a que la participación de Jesús en la soberanía divina única se entendía principalmente como una referencia a uno de los textos fundamentales del Antiguo Testamento (Salmo 110:1) y otros relacionados exegéticamente con éste. El Salmo 110:1 (LXX 109:1) es el texto del Antiguo Testamento al cual el Nuevo Testamento alude con más frecuencia (29 citas o alusiones, esparcidas por la mayoría de los textos del Nuevo Testamento,[1] con la notable excepción de la literatura joánica). El Salmo dice así:

> *Dice el SEÑOR a mi Señor:*
> *Siéntate a mi diestra,*
> *hasta que ponga a tus enemigos por estrado de tus pies.*[2]

Este versículo no debe leerse entendiendo que la persona referida como «Mi Señor» (el Mesías) está sentada en el trono divino y ejerce soberanía divina sobre el Cosmos. Podría estar simplemente diciendo que al Mesías se le otorga una posición de honor como un sujeto favorito junto al trono divino, donde se sienta inactivo esperando la inauguración de su gobierno en la Tierra. Así es como lo interpretaron después algunos rabinos.[3] No obstante, resulta bastante claro que los cristianos primitivos lo leían de forma diferente: situando a Jesús en el trono divino, ejerciendo el señorío de Dios sobre todas las cosas. La idea a veces se combina con el versículo del Salmo 8:6

> *Tú le haces señorear sobre las obras de tus manos;*
> *todo lo has puesto bajo sus pies.*[4]

---

[1] Mateo 22:44; 26:64; Marcos 12:36; 14:62; 16:19; Lucas 20:42, 43; 22:69; Hechos 2:33-35; 5:31; 7:55, 56; Romanos 8:34; 1 Corintios 15:25; Efesios 1:20; 2:26; Colosenses 3:1; Hebreos 1:3; 13; 8:1; 10:12, 13; 12:2; 1 Pedro 3:22; Apocalipsis 2:21. Todas estas alusiones son ciertas, excepto Apocalipsis 3:21, que es probable.

[2] Para el uso primitivo cristiano de este texto, ver D. H. Hay, *Glory at the Right Hand: Psalm 110 in Early Christianity* (SBLMS 18; Nashville, Abingdon, 1973); M. Hengel, «Sit at My Right Hand!», en ídem, *Studies in Early Christology* (Edimburgo, T&T. Clark, 1995) 119-225.

[3] Hay, *Glory*, 28-31

[4] Los Salmos 110:1 y 8:6 combinados o asociados: Mateo 22:44; Marcos 12:36; 1 Corintios 15:25-28; Efesios 1:20-22; 1 Pedro 3:22, cf. Hebreos 1:13-2:9.

La discontinuidad entre la Cristología primitiva en este punto decisivo y las creencias y expectativas de la literatura judía del Segundo Templo puede ser ilustrada con un hecho. Mientras que el Salmo 110:1 es el texto del Antiguo Testamento más citado en el Nuevo, en toda la literatura judía del Segundo Templo solamente existe una probable alusión, en el *Testamento de Job* (33:3),[5] donde su uso tiene poco que ver con el significado para los primeros cristianos. En ningún lugar del judaísmo primitivo se aplica a alguna de las figuras celestiales exaltadas –ángeles o patriarcas– quienes ocupan lugares importantes en el cielo, ahora o en el futuro. En ningún lugar se le aplica al Mesías, de quien no se espera, por supuesto, según las expectativas del judaísmo primitivo, que gobierne el Cosmos desde el cielo, sino solamente que sea un gobernante en la tierra. La interpretación mesiánica de los Salmos reales, en general, nos hace esperar que cuando los judíos del período del Segundo Templo interpretaran el Salmo 110 lo aplicarían al Mesías. Pero su ausencia de la literatura muestra que no tenía importancia para ellos, mientras que para los primeros cristianos tenía una importancia clave. La diferencia simplemente refleja el hecho de que los primeros cristianos usaron el texto para decir acerca de Jesús algo que la literatura judía del Segundo Templo no está interesada en decir acerca de nadie: que él participa en el señorío divino de todas las cosas.

Mi tesis es que la exaltación de Jesús al trono celestial solamente podía significar para los primeros cristianos, que eran monoteístas judíos, su inclusión en la identidad única de Dios. Más aún, los textos muestran su conocimiento total y su más bien deliberado uso de la retórica y la conceptuosidad del Monoteísmo judío para hacer esta inclusión inequívoca. Como prueba, me referiré a cuatro aspectos de la manera en la que los textos conciben la exaltación de Jesús.

El señorío de Jesús sobre «todas las cosas»

En primer lugar, los textos frecuentemente se refieren a la exaltación de Jesús o el señorío sobre «todas las cosas». Los expertos del Nuevo Testamento no suelen ver esto, y en los textos individuales debaten sobre

---

[5] La idea es que, en lugar de su trono y esplendor en este mundo, que va a pasar, Job tiene esplendor eterno reservado para él en el cielo. La idea no es darle la posición de autoridad en el señorío de Dios sobre el mundo, sino describir su recompensa divina

la extensión de «todas las cosas» a la que se refiere el texto. No obstante, la frase pertenece al estándar retórico del Monoteísmo, en el cual se refiere constantemente y de manera natural, a toda la realidad creada de la que Dios es absolutamente distinguido como su Creador y Señor.[6] Puede decirse que los sirvientes de Dios gobiernan algunas cosas con su permiso, como hacen los gobernantes terrenales, pero solamente Dios gobierna todo desde un trono exaltado sobre todo. Los frecuentes usos cristológicos neotestamentarios de esta frase[7] no deben ser estudiados por separado. Su peso acumulativo debe ser apreciado como testimonio de la forma en la que los textos habitualmente definen la exaltación de Jesús o el señorío en términos que el Monoteísmo judío reservaba para la soberanía única de Dios.

Jesús comparte la exaltación sobre todos los poderes angelicales

En segundo lugar, muchos de los textos enfatizan la exaltación y la soberanía de Jesús sobre todos los poderes angelicales, a veces mediante el uso de las potentes imágenes judías de sublimidad. Por ejemplo, Efesios 1:20-22:

> «[...] le sentó [a Cristo] a la diestra en los lugares celestiales, muy por encima de todo principado, autoridad, poder, dominio, y de todo nombre que se nombra, no sólo en este siglo, sino en el venidero y todo sometió bajo sus pies...».

Ese «muy por encima» evoca la imagen del trono divino y elevado en la cúspide de los cielos (cf. también Efesios 4:10), exaltado muy por encima de los distintos poderes angelicales que dominan como sirvientes

---

como la realidad eterna de la cual su reino en este mundo ha sido solamente una sombra insignificante. Esto no otorga ningún precedente para el uso primitivo cristiano del texto, en el cual la entronización de Jesús a la diestra de Dios no es solamente su recompensa celestial individual, sino su particular lugar y papel cósmico.

[6] Por ejemplo, Isaías 44:24; Jeremías 10:16; 51:19; Sir. 43:33; Wis. 9:6; 12:13; Add. est.13:9; 2 Mac. 1:24; 3 Mac. 2:3; *1 Enoc* 9:5; 84:3; *2 Enoc* 66:4; Jub. 12:19; *Apoc. Abr.* 7:10; *Jos. Asen.* 12:1; *Oráculos Sibilinos* 3:20; 8:376; Frag 1:17; Josefo BJ 5.218; 1QapGen 20:13; 4QD 18:5:9.

[7] Para el señorío de Cristo sobre «todas las cosas«», ver Mateo 11:27.

de Dios en los cielos inferiores.[8] No se sitúa a Jesús en la posición de cualquier figura angelical, ni tampoco los poderes angelicales están siendo degradados. La relación espacial entre Jesús en el trono divino y los poderes angelicales es precisamente cómo las imágenes judías de los reinos celestiales retrataron la relación entre el trono divino y los poderes angelicales sujetos a Dios. La idea es que Jesús ahora comparte la propia exaltación de Dios y su soberanía sobre todos los poderes angelicales. De forma similar, en el gran pasaje cristológico en Hebreos 1, donde se despliega una concatenación de siete citas espirituales para explicar el significado completo del Salmo 110:1 (con el que concluye la concatenación), la importancia de la exaltación de Jesús a la diestra del Padre se expone al demostrar su superioridad sobre todos los ángeles. Esta superioridad se ilustra tanto en altura espacial (1:3, 4) como en diferencia cualitativa. Los ángeles, según el pasaje, no son más que sirvientes de Dios, mientras que Cristo, quien ocupa el mismísimo trono divino, participa en la propia soberanía de Dios y es, por lo tanto, servido por los ángeles (1:7-9, 13, 14). El propósito no es polemizar contra los ángeles. Nada de lo afirmado sobre los ángeles sería controvertido para ningún lector judío. La función de los ángeles en el pasaje es asistir a la definición teológica del único Dios, a retratar la línea de distinción que el Monoteísmo judío siempre había insistido en recalcar entre Dios, el único gobernante soberano y el resto de la realidad. Cuando se establece esta distinción, incluso los ángeles más importantes son solamente sirvientes de Dios. Por supuesto, pero si Jesús es superior a los ángeles, participando en el señorío divino, esto significa que está incluido en la identidad única del único Dios, precisamente por el concepto monoteísta judío. Un estudio cuidadoso de Hebreos 1, para el cual no disponemos de espacio ahora, mostraría con qué cuidado y sofisticación utiliza el pasaje todas los rasgos claves según los cuales el Monoteísmo judío solía caracterizar comúnmente la unicidad de Dios, para incluir a Jesús dentro de la única identidad divina.

Jesús recibe el nombre divino

En tercer lugar, el Jesús exaltado recibe el nombre divino, el Tetragramaton (YHWH), el nombre que cita la única identidad del único Dios,

---

[8] Cf. especialmente *T. Levi* 3:4: «En el más alto de todos [los cielos], mora la Gran Gloria del Santo entre los Santos muy por encima de toda santidad».

el nombre que es exclusivo al único Dios de un modo que no consigue la, en ocasiones ambigua, palabra «Dios». Hebreos 1:4 afirma que Jesús, exaltado en la diestra de Dios, se convirtió en «mucho mejor que los ángeles, por cuanto ha heredado un nombre más excelente que ellos». Aunque la mayoría de los estudiosos no lo creen así, sólo puede referirse al nombre divino, «el nombre que es sobre todo nombre». Dicho nombre fue concedido a Jesús cuando Dios le exaltó hacia la posición más alta, según Filipenses 2:9 El uso cristiano primitivo de la frase «llamar en el nombre del Señor»,[9] haciendo referencia a la confesión cristiana y al bautismo, está en conexión con dar el nombre divino al Jesús exaltado. La frase del Antiguo Testamento[10] significa invocar a Dios por su nombre YHWH,[11] pero el uso cristiano primitivo lo aplica a Jesús. Significa invocar a Jesús como el Señor divino que ejercita la soberanía divina y lleva el nombre divino.

Adoración de Jesús en reconocimiento del ejercicio de su soberanía divina única

En cuarto lugar, la participación del Cristo exaltado en la soberanía divina única se reconoce mediante la adoración. Como vimos en el capítulo 1, en la tradición judía, la adoración es el reconocimiento de la identidad divina única. Es acorde con Dios especialmente como único creador y único gobernante de todas las cosas. Más obviamente, pone en práctica religiosa la distinción que el Monoteísmo judío instaló entre el único Dios y todo lo demás. De modo que la evidencia cristológica importante no solo es que demuestra, como los estudiosos contemporáneos comienzan ahora a reconocer, que la práctica de la adoración a Jesús tenía lugar muy a principios del cristianismo judío, sino que también demuestra que la adoración a Cristo se debía a su inclusión en la identidad divina única, a través de la exaltación en el trono de Dios. Por tanto, las descripciones de la adoración universal en Filipenses 2:9-11 y Apocalipsis 5 son muy importantes. Trataremos con más detalle estos pasajes en el siguiente capítulo. En ambos es precisamente la exaltación de Cristo en el trono divino lo que evoca la adoración de toda la Creación. También destaca

---

[9] Hechos: 2:17-21, 38; 9:14; 22:16; Romanos 10:9-13; 1 Corintios 1.2; 2. Timoteo 2:22.
[10] En especial en Salmos 80:18; Isaías 12:4, Joel 2:32; Sofonías 3:9; Zacarías 13:9.
[11] Cf. Génesis 4:26; 1 Reyes 18:24-39.

Mateo 28:17 donde, en la escena final de este evangelio, los discípulos adoran a Jesús mientras que Él les declara que toda la autoridad sobre el cielo y la Tierra le ha sido entregada.[12]

El Cristo preexistente participa en la actividad creadora única de Dios

Las pruebas que hemos considerado hasta el momento hablan de lo que podía ser el Monoteísmo cristológico y escatológico. Jesús es visto como el que ejerce la soberanía escatológica sobre todas las cosas, con vistas a la llegada del reino de Dios y el reconocimiento universal de la única deidad de Dios. Jesús se incluye, podemos decir, en la identidad *escatológica* de Dios. La preocupación dominante en el Cristianismo primitivo era la participación presente y futura de Jesús en la soberanía divina. Por consiguiente, es todavía más interesante que los primeros cristianos incluyeran a Jesús en la soberanía divina única tanto por su aspecto escatológico como por el referente a su inicio; no sólo en el presente y en el futuro, sino también en el principio. Esto sucede principalmente porque para el Monoteísmo judío, la soberanía divina eterna es indivisible como tal, incluyendo la actividad creadora única de Dios en el principio, junto con su providencial ordenación de todas las cosas y el futuro cumplimiento de su propósito para su reinado sobre todas las cosas. Dios solo gobierna sobre todas las cosas y gobernará sobre todas las cosas porque Él solo creó todas las cosas. Si Jesús no es un simple sirviente de Dios, sino que participa en la soberanía divina única y es, por lo tanto, intrínseco a tal identidad, debe serlo eternamente. La participación de Cristo en la tarea creadora de Dios es necesaria, en los términos monoteístas judíos, para completar su inclusión en la identidad divina, por otra parte incompleta. También deja incluso más claro que la intención de esta primera Cristología es incluirle en la identidad divina única, dado que en la labor creadora de Dios no había lugar, según los monoteístas judíos, ni siquiera para que los sirvientes de Dios realizaran el trabajo bajo su cargo. La Creación, como axioma, fue labor de Dios solo.

Mientras que encontramos en toda la literatura del Nuevo Testamento la inclusión de Jesús en la soberanía escatológica de Dios, su inclusión en

---

[12] Ver también Hebreos 1:6; Juan 5:21-23.

la labor de la Creación está menos extendida, pero se encuentra en 1 Corintios, Colosenses, Hebreos, Apocalipsis y el Evangelio de Juan.[13] Dado que tiene menos importancia directa para la mayoría de las preocupaciones de los escritores del Nuevo Testamento, no es sorprendente. Lo que es interesante es que en tres de estos casos (1 Corintios, Hebreos y Juan) el propósito, en mi opinión, es precisamente expresar el Monoteísmo judío en términos cristológicos. No es que estos autores desearan decir algo sobre la Creación sin más, o incluso que quisieran decir algo sobre la relación de Cristo con la Creación sin más. Deseaban incluir a Jesucristo en la identidad única divina. Incluirle en la actividad de la Creación es la manera más inequívoca de excluir cualquier peligro para el Monoteísmo –como si Jesús fuera un semidiós subordinado– mientras que se redefinía la identidad única de Dios de manera que incluyera a Jesús. Para ilustrar esta idea, examinaremos el primero de estos textos: 1 Corintios 8:6. El pasaje en su contexto dice:

> [4]Por lo tanto, en cuanto al comer de lo sacrificado a los ídolos, sabemos que un ídolo no es nada en el mundo, y que no hay sino un solo Dios. [5]Porque aunque haya algunos llamados dioses, ya sea en el cielo o en la tierra, como por cierto hay muchos dioses y muchos señores, [6]sin embargo, para nosotros hay un solo Dios, el Padre, de quien proceden todas las cosas y nosotros somos para él; y un Señor, Jesucristo, por quien son todas las cosas y por medio del cual nosotros existimos.

La preocupación de Pablo en este contexto es explícitamente monoteísta. El tema de comer alimento ofrecido a los ídolos y la participación en banquetes en el templo es un ejemplo de la tradicional preocupación monoteísta judía sobre la lealtad al único Dios verdadero en un contexto de adoración pagana politeísta. Lo que Pablo hace es mantener esta idea monoteísta judía con una interpretación cristiana, según la cual la lealtad al Dios verdadero implica lealtad al Señor Jesucristo. Asocia la carta a los Corintios (final del versículo 4) con la fórmula típica monoteísta judía «no hay otro Dios», para que coincidan. También otorga, en el versículo 6, su propia fórmula completa monoteísta, que contrasta los «muchos dioses y muchos señores» del contexto pagano de los Corintios (versículo 5) con el único Dios y Señor a quienes los cristianos deben lealtad exclusiva.

---

[13] Juan 1:1-5; 1 Corintios 8:6; Colosenses 1:15-16; Hebreos 1:2-3, 10-12; Apocalipsis 3:14.

El versículo 6 es una frase cuidadosamente formulada:

a sin embargo, para nosotros hay un solo Dios, el Padre,
b de quien proceden todas las cosas y nosotros somos para él;
c y un Señor, Jesucristo,
d por quien son todas las cosas y por medio del cual nosotros existimos.

La frase se ha compuesto de dos fuentes claramente reconocibles. Una es el *Shemá*, la oración judía clásica sobre la unicidad de Dios, extraída de la misma Torá, recitada dos veces al día por todos los judíos observantes, como vimos en el capítulo 1. Ahora es ampliamente aceptado que Pablo ha adaptado el *Shemá* y ha producido una versión cristiana.[14] No tan reconocida es la importancia total de esto. En la primera y la tercera línea de la fórmula de Pablo (llamadas *a* y *c* arriba), éste ha reproducido de hecho todas las palabras sobre Dios del *Shemá'* (Deuteronomio 6:4: «El SEÑOR es nuestro Dios, el Señor uno es»),[15] pero ha reorganizado las palabras de manera que produzcan una afirmación tanto del único Dios, el Padre, como del único Señor, Jesucristo. Debe quedar bien claro que Pablo está incluyendo a Jesús en la identidad divina única. Está redefiniendo el Monoteísmo como Monoteísmo cristológico. Si hubiera que entenderle como añadiendo al Señor el Dios del que habla el *Shemá*, entonces, desde la perspectiva del Monoteísmo judío, no estaría produciendo Monoteísmo cristológico, sino directamente diteísmo. El *añadido* de un único Señor al único Dios de la *Shemá* entraría en contradicción plenamente con la unicidad del último. La única forma posible de entender que Pablo mantiene el Monoteísmo es entender que incluye a Jesús en la identidad única de Dios afirmada en la *Shemá*. Pero esto se ve claramente en el hecho de que el término «Señor», aplicado aquí a Jesús como «el único Señor», es extraído de la misma *Shemá'*. Pablo no está añadiendo al Dios de la Shemá

---

[14] F. F. Bruce, *1 and 2 Corinthians* (NCB, Londres: Oliphants, 1971) 80; D. R. de Lacey, «One Lord» in *Pauline Christology*, in H. H. Rowdown, ed., *Christ the Lord* (D. Guthrie FS; Leicester, Inter-varsity Press, 1982) 191-203; Dunn, *Christology*, 180; Hurtado, One God, 97; N. T. Wright, *The Climax of the Covenant* (Edimburgo, T&T. Clark, 1991) 128, 129; D. A. Hagner, «Paul's Christology and Jewish Monotheism», en M. Schuster y R. Muller ed., *Perspectives on Christology* (P. K. Jewett FS; Grand Rapids, Zondervan, 1991) 28, 29; N. Richardson, *Paul's Language about God* (JSNTSup 99; Sheffield JSOT Press, 1994) 300; B. Witherington, *Jesus the Sage* (Edimburgo, T&T. Clark, 1994) 316.

[15] El «nuestro» de la *Shemá* aparece como el «para nosotros» del comienzo de la reformulación de Pablo.

un «Señor» que la Shemá no menciona. Está identificando a Jesús como el «Señor» de quien dice que es uno. Así, en la reformulación sin precedentes de la *Shemá*, hecha por Pablo, la identidad única del único Dios *consiste* en el único Dios, el Padre *y* el único Señor, su Mesías. Al incluir a Jesús en esta identidad única parece indicar que Pablo *no* repudia el Monoteísmo judío, al contrario de la opinión de muchos exégetas que no han entendido suficientemente la forma en que la identidad única de Dios se entendía en el judaísmo del Segundo Templo. Si estuviera asociando simplemente a Jesús con el único Dios, entonces *estaría* ciertamente repudiando el Monoteísmo.

Mientras que las líneas primera y tercera de la fórmula dividen las palabras de la Shemá entre Dios y Jesús, las líneas segunda y cuarta (llamadas *b* y *d*), dividen de manera similar entre Dios y Jesús otra fórmula judía monoteísta, una que relaciona al único Dios como Creador de todas las cosas. La descripción es utilizada por Pablo en otros lugares, en su versión sin modificar ni dividir, específicamente en Romanos 11:36a: «Porque de Él, por Él y para Él son todas las cosas». Aquí la frase se refiere simplemente a Dios, mientras que en 1 Corintios 8:6, Pablo la ha dividido entre Dios y Cristo, aplicando a Dios dos de las preposiciones que describen la relación de Dios como Creador con todas las cosas («de», «por» o «para») y la tercera de estas preposiciones («por medio») a Cristo. Aunque la fórmula en Romanos 11:36 no aparece exactamente en esta forma en ningún otro lugar, existen suficientes paralelos judíos[16] para pensar que Pablo simplemente cita una fórmula judía.

Que Dios no es sólo agente o causa eficiente de la Creación («de Él [...] son todas las cosas»), y que es la causa final o el objetivo de todas las cosas («por Él [...] son todas las cosas»), sino también la causa instrumental («para Él [...] son todas las cosas»), expresa bien la idea típicamente monoteísta judía de que Dios no utilizó a nadie para llevar a cabo la Creación, sino que la realizó Él solo, únicamente con su propio Verbo y su propia Sabiduría. La reformulación de Pablo en 1 Corintios 8:6 incluye a Cristo en esta labor exclusivamente divina de la Creación, otorgándole el papel de causa instrumental.

La reformulación lleva implícita la identificación de Cristo tanto con el Verbo como con la Sabiduría de Dios, o con ambas. No importa cuál. La costumbre judía de explicar la labor solitaria de Dios en la Creación

---

[16] Josefo, BJ. 5.218; Filón, *Cher.* 127; cf. Hebreos 2:10.

diciendo que creó a través de su Verbo o a través de su Sabiduría simplemente otorga a Pablo la oportunidad de asignar la labor de la Creación de modo que se incluya a Cristo en él. Ahora podemos ver que, en éste y otros pasajes del Nuevo Testamento, donde el Cristo preexistente se describe en términos correspondientes al lenguaje judío sobre el Verbo o la Sabiduría de Dios, no son los conceptos judíos sobre el Verbo y Sabiduría los que motivan el desarrollo cristológico. El propósito al incluir a Jesús completamente en la identidad única de Dios, tanto protológica como escatológicamente. El papel del Verbo y de la Sabiduría era apropiado para tal propósito ya que, como vimos en el capítulo 1, representa la forma judía de establecer alguna forma de distinción dentro de la identidad divina única, especialmente en referencia con la tarea de la Creación. Su actividad en la Creación no compromete, de ningún modo, la unicidad monoteísta de la actividad creadora divina, dado que son intrínsecas a la actividad divina única. Esto es exactamente lo que Pablo quiere decir de Jesús. En el pasaje de 1 Corintios, Pablo exhibe la típica conciencia arraigada judía monoteísta; distingue el único Dios al que se debe adoración exclusiva, del resto de dioses paganos que no son dioses. Argumenta desde las fórmulas judías clásicas de formular la fe monoteísta. Las rehace para expresar un Monoteísmo cristológico que, en ningún momento pretende abandonar, sino precisamente mantener el modo mediante el cual el Judaísmo distinguía entre Dios y lo demás. Así, las utiliza para incluir a Jesús en la identidad divina única. Mantiene el Monoteísmo, no por añadir a Jesús, sino por incluir a Jesús en su entendimiento judío de la divinidad única.

Conclusión: La Cristología del Nuevo Testamento como Cristología de la Identidad divina, más allá de la Cristología «funcional» y «óntica»

Una Cristología más excelsa que la que Pablo expresa en 1 Corintios 8:6 es difícil de encontrar. La forma en que la he resumido puede quedar como el índice de una revisión mucho más extensa del material cristológico que aporta el Nuevo Testamento. Como conclusión a este capítulo, añadiré que la importancia de la categoría de identidad divina, como la he utilizado, es vital para entender la Cristología del Nuevo Testamento. Esto contrasta con las categorías que han dominado la Cristología del Nuevo Testamento en las décadas recientes, que se conocen como

Cristología «funcional» y Cristología «óntica» (u ontológica). Una Cristología de la identidad divina nos llevará, según mi sugerencia, más allá del contraste fundamentalmente erróneo entre las Cristologías «funcional» y «óntica» como categorías para leer los textos del Nuevo Testamento. En mi opinión, estas categorías han demostrado ser inadecuadas en la tarea de iluminar los textos, al menos porque no reflejan una comprensión adecuada de la forma en la que el Monoteísmo judío entendía a Dios.

Así, por ejemplo, mientras que mucho de lo que hemos visto en este capítulo sobre el retrato que el Nuevo Testamento hace de la participación de Jesús en la soberanía única de Dios ha sido observado con anterioridad, su importancia completa ha sido comúnmente perdida a través de la confianza en suposiciones erróneas y el uso de categorías inapropiadas. El dominio de la distinción entre Cristología «funcional» y «óntica» ha hecho que no tengamos problemas en decir que para la Cristología primitiva, Jesús ejercita las «funciones» de señorío divino sin que se le considere «ónticamente» divino. De hecho, tal distinción es muy problemática desde el punto de vista del Monoteísmo judío primitivo. Según esta idea de la identidad divina única, la soberanía única de Dios no era simplemente una «función» que Dios podía delegar en alguien. Se trataba de uno de los rasgos principales e identificadores de la identidad divina única, que distinguía a Dios de toda la realidad externa. La soberanía divina única es una cuestión de *quién es Dios*. La participación de Jesús en dicha soberanía implica, por lo tanto, no solamente lo que hace Jesús, sino *quién* es en relación con Dios. Aunque no se trata esencialmente de un tema de naturaleza o ser divino, es enfáticamente una cuestión de identidad divina. Incluye a Jesús en la identidad del único Dios. Cuando se extiende para incluir a Jesús en la actividad creadora de Dios y, por lo tanto, en la trascendencia eterna de Dios, se convierte inequívocamente en una cuestión de considerar a Jesús como intrínseco a la identidad única de Dios.

La distinción comúnmente hecha entre la Cristología «funcional» y «óntica» se ha dado, principalmente, entre la Cristología primitiva del contexto judío y la Cristología patrística, que aplicaba unas categorías filosóficas griegas sobre la naturaleza divina a Cristo. Incluso cuando la Cristología óntica se considera en los límites del Nuevo Testamento, se entiende como el comienzo de la atribución patrística de la naturaleza divina a Cristo. La creencia normalmente es que, mientras que los monoteístas judíos del primer siglo podían atribuir funciones «divinas» a Jesús sin dificultad, ya que esto no infringiría el Monoteísmo judío, no podían atribuirle fácilmente una «naturaleza» divina sin provocar debates en el

Monoteísmo que solamente los desarrollos trinitarios tardíos pudieron tratar (de manera exitosa o no). No obstante, esto supone interpretar mal el Monoteísmo judío en términos helenistas. Como si su razón de ser principal fuera *qué es la divinidad* –naturaleza divina– en lugar de *quién es YHWH, el único Dios* –identidad divina. Toda la categoría de identidad divina y la inclusión de Jesús ha sido oscurecida fundamentalmente por la alternativa de «funcional» y «óntica», entendiendo que significan que cualquiera de las dos Cristologías habla simplemente de lo que Jesús hace o que habla de su naturaleza divina. Una vez la categoría de identidad divina reemplaza aquellas funciones y naturaleza como la categoría principal y más completa para entender tanto el Monoteísmo judío como la Cristología primitiva, entonces podemos ver que la falta de interés del Nuevo Testamento sobre lo que es la naturaleza divina de Cristo no es, bajo ningún concepto un indicativo de una Cristología meramente funcional. Podremos ver que, a lo largo de los textos del Nuevo Testamento, existe un uso claro y deliberado de las características de la identidad divina única para incluir a Jesús en tal identidad. Una vez que nos hayamos liberado del prejuicio de que la Cristología elevada debe hablar de la naturaleza divina de Cristo, podremos ver el hecho obvio de que la Cristología de la identidad divina común a todo el Nuevo Testamento es la Cristología más sublime de todas. Identifica a Jesús como intrínseco a quien Dios es.

Preguntas para la reflexión

1. Para los primeros cristianos, ¿supuso un obstáculo el Monoteísmo judío para la inclusión de Jesús en la identidad única de Dios? ¿Por qué?
2. ¿Cuáles son los cuatro aspectos en que los textos bíblicos asumen la exaltación de Jesús como único Dios?
3. ¿Qué textos neotestamentarios muestran a Jesús como Creador?

Capítulo 3

Dios crucificado:
La identidad divina revelada en Jesús

Del Cristo exaltado y preexistente al Jesús terrenal

En los primeros dos capítulos he comentado que si prestamos una atención cuidadosa, por un lado, a las formas en las que el Judaísmo del Segundo Templo caracterizaba la identidad única del único Dios y, por otro, a lo que los escritores del Nuevo Testamento dicen de Jesús, resulta obvio que los escritores del Nuevo Testamento incluyen a Jesús en la identidad única del único Dios. Lo hacen cuidadosa, deliberada, consistente y suficientemente al incluirle, con precisión, en las categorías divinas mediante las cuales el Judaísmo del Segundo Templo distinguía a Dios como único. Toda la Cristología del Nuevo Testamento es, en este sentido, Cristología sublime, concretada en los términos más sublimes y asequibles a la Teología judía del primer siglo. Ciertamente no se trata de una Cristología simplemente funcional, sino que se define mejor, como he sugerido, como Cristología de la identidad divina. Jesús, según los escritores del Nuevo Testamento, pertenece de forma inherente a *quién es Dios*.

Mi argumentación hasta ahora ha sido intencionadamente selectiva de dos formas. En primer lugar, me he centrado en aquellos rasgos de la identidad del Dios de Israel que el Judaísmo del Segundo Templo por lo general subrayaba como característicos de la unicidad de Dios, al distinguir a Dios absolutamente del resto de la realidad: que Dios es el Creador de todas las cosas y el soberano que gobierna sobre todas ellas. Otros rasgos de la identidad del Dios de Israel, que he señalado en el primer capítulo, esenciales para el entendimiento judío de Dios, fueron, no obstante, apartados de mi teoría llegados a este punto, porque no eran los aspectos a los que los judíos solían acudir para definir la unicidad del único Dios. En segundo lugar, al ilustrar el modo en el que los escritores del Nuevo Testamento utilizan estos rasgos clave de la identidad única de Dios para incluir en ella a Jesús, me he centrado en el Cristo preexistente, quien participó de la actividad Creadora de Dios, y en el Cristo exaltado, quien a la diestra de Dios participa de su Señorío escatológico sobre todas las cosas. No me he referido al Jesús terrenal, a su vida y a su muerte, porque quien comparte más obviamente la única Creación y la Soberanía de Dios sobre la realidad es el Jesús preexistente y exaltado. Los primeros cristianos reconocían su inclusión en la identidad divina: la exaltación de Cristo al compartir el trono divino.

No obstante, ahora llegamos al momento de mi teoría en el que debemos considerar al Jesús terrenal. Esto traerá a escena otros rasgos esenciales de la identidad del Dios de Israel que hasta ahora no habían aparecido en mi argumentación cristológica. Sin embargo, centrarse en el Jesús terrenal da la vuelta al tema de la divinidad. Para los primeros cristianos, la inclusión del Jesús exaltado en la identidad divina significaba que Jesús, que vivió una vida humana de verdad, desde su nacimiento hasta su muerte, el hombre que sufrió el rechazo y una muerte vergonzosa también pertenecía a la identidad divina única. ¿Qué dice esto sobre la identidad divina?

Mientras que hasta ahora hemos considerado lo que pensaban los escritores del Nuevo Testamento sobre lo que la relación de Jesús con Dios dice sobre Jesús, ahora debemos considerar lo que esta relación dice sobre Dios. En otras palabras, debemos considerar a Jesús como la revelación de Dios. Los aspectos más profundos de la Cristología del Nuevo Testamento tienen lugar cuando la inclusión del Cristo exaltado en la identidad divina implica la inclusión del Cristo crucificado en esa identidad, y cuando se reconoce como revelación de Dios el patrón cristológico de humillación y exaltación, como la revelación definitiva de quién es Dios. Esta revelación no podía dejar intacta la idea que los primeros cristianos tenían de Dios, pero, al mismo tiempo, el Dios cuya identidad estaba definida por la historia de Jesús, según entendieron los autores del Nuevo Testamento, era sin duda el Dios de Israel. Su identidad en Jesús debe ser coherente con su identidad en las Escrituras hebreas. De este modo, con los escritores del Nuevo Testamento, tendremos que identificar la continuidad con la novedad, la ya conocida identidad del Dios de Israel con la nueva revelación de Jesús.

Monoteísmo Cristológico:
La lectura cristiana primitiva de Isaías 40-55

Respetando el espacio del que disponemos, me limitaré únicamente a hacer un acercamiento a la manera en la que los autores del Nuevo Testamento entendieron la inclusión de la vida y la muerte terrenales de Jesús dentro de la identidad de Dios. Como hemos visto en el capítulo 2, gran parte del pensamiento creativo y teológico del Cristianismo primitivo se hacía mediante la exégesis del Antiguo Testamento. Los escritores hacían exégesis teológica y creativa en la tradición judía. Por supuesto, no leyeron las Escrituras judías desde un enfoque histórico, como hacen ahora los estudiosos contemporáneos del Antiguo Testamento, pero tampoco leyeron simplemente sus ideas veterotestamentarias, como parecen sugerir algunos relatos de la interpretación del Antiguo Testamento hecha por el Nuevo, y las consideraron en cada caso independientes del Antiguo Testamento. Relacionaron el texto del Antiguo Testamento con la historia de Jesús, en un proceso de interpretación mutua, del cual surgieron algunas de sus ideas teológicas más profundas.

Para ellos, nada en el antiguo Testamento era más importante que lo que nosotros conocemos como el deutero-Isaías (Isaías 40-55). (Por supuesto, para los primeros cristianos, estos capítulos eran simplemente parte del libro del profeta Isaías, pero el término deutero-Isaías puede servir para etiquetar esta parte del libro, que ellos hubieran visto como una sección reconocible de la profecía de Isaías.) Para los primeros cristianos, estos capítulos de Isaías eran, sobre todo, el relato dado por Dios de la importancia de los acontecimientos de la salvación escatológica que ellos habían presenciado y en los que estaban involucrados: la visión de Isaías del nuevo Éxodo, el acto divino de la redención de Israel ante todas las naciones y también para las naciones, que nos lleva a los capítulos que llamamos Trito-Isaías, la nueva Jerusalén y la Creación nueva de todas las cosas. La deuda que los escritores del Nuevo Testamento tienen con el deutero-Isaías ha sido ampliamente reconocida, incluso aunque su extensión precisa haya sido discutida. El hecho de que la misma palabra «Evangelio» fuera extraída del deutero-Isaías (Isaías 40:9) es una muestra de la importancia de estos capítulos para ellos. También lo es el hecho de que los cuatro evangelistas subrayen cómo el comienzo del Evangelio, el ministerio de Juan el Bautista, cumplía con la profecía del deutero-Isaías sobre el nuevo Éxodo (Isaías 40:3, 4).[1] Lo que no se ha reconocido suficientemente es que detrás de muchos textos del Nuevo Testamento está la lectura cristiana primitiva de estos capítulos del deutero-Isaías como un todo conectado. Por ejemplo, no debemos leer las alusiones a la narración del siervo sufriente del capítulo 53 creyendo que el uso que hacen los cristianos primitivos de él es suficiente para explicar el texto; es decir, no solamente en conexión con los otros pasajes sobre el siervo en deutero-Isaías, sino como parte de la lectura de Isa. 40-55, la profecía del nuevo Éxodo que trae salvación a las naciones.

Para nuestra investigación, es importante ver cómo el tema monoteísta en el deutero-Isaías tiene coherencia con los temas de estos capítulos como un todo. Los textos divinos del deutero-Isaías constituyen, junto con los grandes textos monoteístas de la Torá, las fuentes clásicas del Monoteísmo del periodo del Segundo Templo. Los discursos en los que Dios declara su ser único («Yo soy el SEÑOR y no hay ninguno más») contienen todas las características de la unicidad divina que contemplamos en el capítulo 1: polemiza con los ídolos que no son dioses, define su unicidad como Creador de todas las cosas y el que gobierna en la Historia... Los primeros cristianos incluyeron clara y deliberadamente al Jesús preexistente y exaltado en la identidad única de este Dios del deutero-Isaías, con su Señorío cósmico e histórico. Pero el Monoteísmo del deutero-Isaías es también escatológico. Apunta al día cuando el Dios de Israel se mostrará como el único Dios ante las naciones, revelando su gloria y su salvación en la liberación de su pueblo, para que en todos los confines de la Tierra se le reconozca como Dios y se vuelvan a Él como Salvador.

El único Dios verdadero mostrará su deidad única universal en este gran acto de salvación escatológica, el nuevo Éxodo. También supone la llegada de su reino, anunciado por el mensajero que trae las buenas noticias (el Evangelio) de salvación, diciendo a Sion: «¡Tu Dios reina!» (Isaías 52:7; cf. 40:9). El Dios único implementa su Soberanía universal en el nuevo Éxodo, lo que demuestra a las naciones su deidad. Los primeros cristianos leyeron sobre la enigmática figura del siervo del Señor, el que da testimonio de la deidad única y el que, en los capítulos 52 y 53 sufre la humillación y la muerte, y también es exaltado y elevado, dentro de este

---

[1] Mateo 3:3; Marcos 1:2-3; Lucas 3:4-6; Juan 1:23.

contexto de la unión necesaria entre la unicidad de Dios y sus actos escatológicos de salvación para Israel y para el mundo.

Lo que espero demostrar es que en la lectura cristiana primitiva del deutero-Isaías, el testimonio, la humillación, la muerte y la exaltación del siervo del Señor son las formas que tiene Dios de revelar su gloria y demostrar su deidad al mundo. El testimonio, la humillación y la exaltación del siervo son los acontecimientos escatológicos de salvación, el Nuevo Éxodo, mediante el cual la identidad única de Dios es identificada, de modo que todos los confines de la Tierra reconocen a Dios y acuden a él para obtener salvación cuando ven la exaltación de su siervo. En mi opinión, un factor importante para esta lectura primitiva cristiana del deutero-Isaías es la conexión entre Isaías 52:13, que introduce el pasaje crucial sobre el siervo sufriente y otros pasajes de Isaías.

Los tres textos relevantes en las traducciones hebrea y griega son:

Isaías 52:13 hebreo:
«He aquí mi siervo prosperará; será enaltecido *(gavah)*, levantado *(nissa)* y en gran manera exaltado *(yarum)*».
LXX griego:
Aquí mi sirviente entenderá, y será exaltado *(huposthesetai)* y glorificado *(doxasthesetai)* grandemente.

Isaías 6:1 en hebreo:
«... vi al Señor *(adonai)* sentado sobre un trono alto *(ram)* y sublime *(nissa)*, y la orla de su manto llenaba el templo».
LXX griego:
«... vi al Señor sentado sobre un trono, exaltado *(hupselou)* y sublime *(epermenou)*; y la morada estaba llena de su gloria».

Isaías 57:15 en hebreo:
«Porque así dice el Alto *(ram)* y Sublime *(nissa)* que vive para siempre, cuyo nombre es Santo: "Habito en lo alto y santo, y también con el contrito (dakka, cf. Isa. 53:5, 10) y humilde de espíritu, para vivificar el espíritu de los humildes y para vivificar el corazón de los contritos"».
LXX griego:
Así dice el más alto *(Hupsitus)* que vive en las alturas *(en hupselous)* para siempre, Santo entre los santos *(en hagiois)* es su nombre, el más alto *(hupsitos)* de entre los altos *(en hagois)*, y da paciencia a los apesadumbrados de corazón, y da vida a los de corazón roto.

Isaías 52:13 enfatiza la exaltación del Siervo, presumiblemente siguiendo la humillación y muerte descritas en el siguiente pasaje. Debemos fijarnos en dos puntos: (1) Las palabras «exaltado» y «elevado» («Mi Siervo será exaltado y levantado») aparecen también en Isaías 6.1, introduciendo la visión de Isaías de Dios en su trono (donde se describe el trono como «exaltado y levantado»).

También aparecen en Isaías 57:15, donde se describe a Dios morando en las alturas del cielo, Él mismo «exaltado y levantado». La combinación de las dos raíces hebreas *rum* (estar elevado, ser exaltado) y *nassá* (levantar) es rara en la Biblia hebrea. La coincidencia verbal en estos tres versículos es sorprendente. Los estudiosos modernos del Antiguo Testamento piensan que los últimos dos pasajes, Isaías 52:13 y 57:15, deben depender de Isaías 6:1. Los primeros cristianos habrían observado la coincidencia y aplicado el principio judío exegético de *gezera sava*. Según este criterio, los pasajes en los que aparecen las mismas palabras deben ser interpretados como citándose entre ellos. (En mi opinión, la mayor parte de la exégesis primitiva cristiana del Antiguo Testamento se hacía teniendo como referencia el texto hebreo. Esto sucedía incluso cuando se usaba el texto griego. En este caso, los textos pueden conectarse basándose en la traducción griega de la Septuaginta, pero su conexión es más sorprendente en hebreo.)

Así que el significado de Isaías 52:13, a la luz de la conexión con Isaías 6:1 y 57:15, es que el Siervo es exaltado en el trono celestial de Dios. Esto explica por qué en Juan 12:38-41 se unen Isaías 53 e Isaías 6, y leemos que Isaías ha visto la gloria del Señor en el capítulo 6 de su profecía. (2) Si Isaías 52:13 significa que el Siervo fue exaltado en el trono celestial desde donde Dios gobierna el Universo, entonces es fácilmente conectable con el Salmo 110:1, que era, como hemos visto en el capítulo 2, el texto principal que la Iglesia primitiva utilizaba para la inclusión de Jesús en la identidad de Dios. Por lo tanto, dos referencias del Nuevo Testamento a la exaltación de Jesús a la diestra de Dios (Hechos 2:33; 5.31) combinan referencias al Salmo 110:1 y a Isaías 52:13. Una tercera (Hebreos 1:3) combina referencias al Salmo 110:1 y a Isaías 57:15.

El Siervo, tanto en su humillación como en su exaltación no es, por lo tanto, una simple figura humana distinguida de Dios. Pero, tanto en su humillación como en su exaltación pertenece a la identidad única de Dios. Este Dios no es solamente el más sublime y elevado que reina desde su trono en el lugar Santo y elevado; también se humilla a la condición del contrito y del humilde (57:15). Y cuando las naciones reconocen su deidad única y se vuelvan a Él para obtener salvación, a quien reconocen es al Siervo, humillado y ahora exaltado a la Soberanía del trono divino.

El Monoteísmo cristiano en tres ejemplos de la lectura cristiana de Isaías 40-55: (1) Filipenses 2:6-11

Ahora nos centramos en tres partes del Nuevo Testamento en las que podemos ver esta lectura del deutero-Isaías reflejada y desarrollada. Filipenses 2:6-11; el libro del Apocalipsis y el Evangelio de Juan.

Primero veremos cómo, en cada una de estas partes, los motivos monoteístas del Nuevo Testamento del deutero-Isaías se aplican a Jesús. Éstos son algunos de los ejemplos más notables de la inclusión de Jesús en la identidad única del Dios que declara su unicidad en los discursos divinos del deutero-Isaías.

Filipenses 2:6-11 es uno de los pasajes cristológicos centrales de la literatura paulina y, por lo tanto, es uno de los primeros pasajes de reflexión cristológica que tenemos en el Nuevo Testamento. El punto álgido del pasaje se alcanza cuando Jesús es exaltado a la posición de la Soberanía divina sobre todas las cosas y recibe el nombre divino, con el que se hace referencia a la identidad divina única.

> Para que en el nombre de Jesús
> *se doble toda rodilla*
> de los que están en el cielo, y en la Tierra, y debajo de la Tierra,
> *y toda lengua confiese*
> que Jesucristo es Señor,
> para gloria de Dios Padre (versículos 10, 11).

La alusión (indicada por las cursivas) es a Isaías 45:22-23

> Volveos a mí y sed salvos,
> todos los términos de la Tierra;
> porque yo soy Dios, y no hay ningún otro.
> Por mí mismo he jurado,
> ha salido de mi boca en justicia
> una palabra que no será revocada:
> Que ante mí se doblará toda rodilla,
> y toda lengua jurará lealtad.

Debemos fijarnos en la aserción característica del Antiguo Testamento, en especial del deutero-Isaías, sobre la unicidad absoluta de YHWH: «Yo soy Dios y no hay ningún otro». Este pasaje del deutero-Isaías describe –en realidad *es* el pasaje que lo hace– la demostración escatológica de la deidad única de Dios ante todo el mundo. Este es el momento en el que el único Creador y Señor de todas las cosas se muestra, reconociéndose como Dios y Salvador único en todos los confines de la Tierra, que se vuelven a Él para adoración y salvación. El pasaje de Filipenses no es simplemente un eco del pasaje del Antiguo Testamento. El pasaje muestra que la deidad única del Dios de Israel es reconocida por toda la Creación en la exaltación de Jesús y en su identificación con YHWH en el Señorío universal de YHWH. La revelación de la participación de Jesús en la identidad divina es lo que completa el Monoteísmo del deutero-Isaías.[2]

El Monoteísmo cristiano en tres ejemplos de la lectura cristiana de Isaías 40-55: (2) Apocalipsis

En segundo lugar, nos centraremos en una serie de títulos que el Apocalipsis otorga, tanto a Dios como a Jesucristo:[3]

[Dios dice]   Yo soy el Alfa y la Omega (1:8)
[Cristo dice] Yo soy el primero y el último (1:17; cf. 2:8)
[Dios dice]   Yo soy el Alfa y la Omega
              el principio y el fin (21:6)
[Cristo dice] Yo soy el Alfa y la Omega
              el primero y el último,
              el principio y el fin (22:13)

Las tres frases –el Alfa y la Omega, el primero y el último, el principio y el fin– son tratadas como equivalentes (el Alfa y la Omega son la primera y la última letra del alfabeto griego). Ambas se aplican a Dios (1:8; 21:6)

---

[2] He comentado esta opinión sobre Filipenses 2:9-11 de manera más extensa en R. Bauckham, «The Worship of Jesus in Philippians 2:9-11», in R. P. Martin y B. J. Dodd ed., *Where Christology Began: Essays on Philippians 2* (Louisville, Westminster/John Knox, 1998) 128-139.

[3] Para un tratamiento más detallado, véase R. Bauckham, *The Theology of the Book of Revelation* (Cambridge, Cambridge University Press, 1993) 25-28, 54-58.

y a Cristo (1:17; 22:13), en unas declaraciones de deidad única estratégicamente situadas en el principio y el final del libro.

Estas declaraciones tienen como modelo las de YHWH en deutero-Isaías (44:6; 48:12; cf. 41:4):

> Isaías 44:6   Yo soy el primero y el último, y fuera de mí no hay Dios.
> Isaías 48:12   Yo soy el primero y también soy el último.

Las cuatro declaraciones del Apocalipsis forman deliberadamente un patrón acumulativo. En las tres primeras encontramos frases diferentes, aunque equivalentes, atribuidas a Dios y a Cristo, respectivamente. La última habla de Cristo en las tres formas del título. Un título («el primero y el último») se atribuye sólo a Cristo. Los otros dos («Alfa y Omega, principio y fin»), tanto a Cristo como a Dios. Constituyen los únicos títulos que comparten Dios y Cristo en el libro del Apocalipsis. Dicen algo importante sobre el hecho de la inclusión de Jesús en la identidad divina única.

La forma «el primero y el último» viene del deutero-Isaías y es uno de los términos que recoge el Monoteísmo del deutero-Isaías. Expresa la Soberanía única y eterna del único Dios, quien precede a todas las cosas como Creador y Señor de la Historia, y las completa escatológicamente. Él es el origen y el objetivo de todas ellas. De este modo el Apocalipsis incluye a Cristo tanto protológica como escatológicamente en la identidad del único Dios del Monoteísmo del deutero-Isaías. Más aún, es a Cristo en lugar de a Dios a quien se atribuye el título «el primero y el último». Los otros dos títulos son variaciones de éste. Una vez más, el Monoteísmo del deutero-Isaías es interpretado como Monoteísmo cristológico. Dios demuestra ser no solamente el principio, sino el último, el final, la Omega de todas las cosas, cuando su reino llegue y aparezca el Mesías, eventos hacia los que apunta todo el libro del Apocalipsis.

El Monoteísmo cristiano en tres ejemplos de la lectura cristiana de Isaías 40-55: (3) El Evangelio de Juan

El uso de «el primero y el último», entre los temas monoteístas del deutero-Isaías, resulta particularmente apropiado en Apocalipsis, dada la orientación escatológica del libro, dirigida a la consecución futura de la

Soberanía única del único Dios. El Evangelio de Juan, como era de esperar, pone en boca de Jesús una declaración diferente del deutero-Isaías sobre la identidad divina única. La elección de Juan es la concisa frase «Yo soy», en Hebreo *ni hu*, normalmente traducido en el griego de la Septuaginta como *ego eimi* (Yo Soy), la forma en la que aparece en el Evangelio de Juan.[4]

Esta frase aparece como una declaración divina de identidad única siete veces en la Biblia Hebrea: una vez en Deuteronomio, en uno de los pasajes monoteístas más importantes de la Torá, y seis veces en el deutero-Isaías.[5]

Sirve para declarar, de la manera más concisa posible, la unicidad de Dios, equivalente al más común «Yo Soy YHWH». La ambigüedad de la declaración, en contextos donde no debía ser reconocida como la autodeclaración divina única hace que, incluso en el cuarto Evangelio, fuera inapropiada antes de la exaltación de Jesús. Sin embargo, estas palabras en boca de Jesús en Juan permiten identificar a Jesús no de un modo descaradamente explícito, sino de una manera que va perdiendo ambigüedad a través de la serie de los siete «Yo Soy» (Juan 4:26; 6:20; 8:24; 28, 58; 13:19; 18:5, 6, 8). Desde luego no es accidental que, mientras que en la Biblia Hebrea existen siete apariciones de *ni hu*, y dos apariciones de la variación enfática '*anoki 'anoki hu* (Isaías 43:25; 51:12), en Juan encontremos siete usos absolutos del «Yo Soy», el séptimo repetido dos veces (18:5, 6, 8) simplemente por el dramatismo (así que son o siete o nueve en ambos casos).

La serie de los «Yo Soy» identifica profusamente a Jesús con el Dios de Israel, quien resume su identidad en la declaración «Yo Soy». Aún más, estas frases identifican a Jesús como la revelación escatológica de la identidad única de Dios, predicha por el deutero-Isaías.

De modo que en tres textos importantes de la Cristología del Nuevo Testamento –Filipenses 2:6-11, Apocalipsis y Juan– vemos, de diferente forma, la interpretación cristiana primitiva del Monoteísmo escatológico como Monoteísmo cristológico. El uso de los motivos monoteístas del deutero-Isaías en estos pasajes de reflexión cristológica muestra que el Monoteísmo no es un tema secundario, sino principal en la Cristología de estos textos. Más aún, la aplicación de los motivos monoteístas del

---

[4] P. B. Harner, *The «I Am» of the Fourth Gospel* [Facet Books; Filadelfia, Fortress, 1970); D. M. Ball, *«I Am» in John's Gospel* (JSNTSup 124, Sheffield, Sheffield Acad. Press, 1996).

[5] Deuteronomio 32:39; Isaías 41:4; 43:10, 13; 46:4; 48:12; 52:6.

deutero-Isaías a Jesús significa más que su inclusión en la identidad divina única de Dios. Significan que Él es la revelación al mundo de esa identidad única. Hasta ese momento, la inclusión de Jesús en la divinidad constituía un problema para el Monoteísmo. Estos escritores del Nuevo Testamento lo presentan como la manera mediante la cual el único Dios demuestra al mundo su divinidad única.

La humillación y exaltación de Jesús como revelación de la identidad divina en tres ejemplos de la lectura cristiana primitiva de Isaías 40-55: (1) Filipenses 2:5-11

Lo que a continuación investigaremos, como segunda fase de nuestra argumentación sobre estos tres textos del Nuevo Testamento, es cómo presentan el sufrimiento, la humillación y la muerte de Jesús en términos del deutero-Isaías, estrechamente relacionados con los motivos monoteístas de ese texto. Jesús completa el Monoteísmo escatológico de las profecías porque es el siervo del Señor del deutero-Isaías, cuya humillación y exaltación revela la identidad del único Dios.

Filipenses 2:6-11 es objeto de los debates exegéticos más complicados por parte de los estudiosos del Nuevo Testamento.[6] No puedo argumentar aquí todos los puntos de vista, simplemente mostraré mi posición sobre algunas cuestiones exegéticas clave como un preliminar al tema que quiero desarrollar para nuestra investigación. (1) En contra de la opinión generalizada de que el pasaje es un himno prepaulino, me inclino a pensar que el mismo Pablo lo compuso. Así que consideraré a Pablo como el autor, aunque esto resulta indiferente para mi exégesis. (2) En contra de las interpretaciones actuales que ven en el inicio del pasaje al Jesús humano, yo mantengo la opinión tradicional, todavía compartida por la mayoría de exégetas y reivindicada en los debates recientes.[7] Según esta opinión, el

---

[6] Un estudio inigualable se encuentra en R. P. Martin, *Carmen Christi: Philippians 2:5-11 in Recent Interpretation and in the Setting of Early Christian Worship* (edición revisada; Grand Rapids: Eerdmans, 1983); y, más recientemente en R. P. Martin y B. J. Dodd de., *Where Christology Began*.

[7] D. Hurst, «Re-Enter the Pre-Existent Christ in Philipians 2:5-11?», *NTS* 32 (1986) 449-457; C.A. Wanamaker, «Philipians 2:5-11: The Son of god or Adam Christology», *NTS* 33 (1987) 179-193; Wright, *The Climax of the Covenant* (Edimburgo, T&T. Clark, 1991) 56-98 (pero en mi opinión, Wright intenta rizar el rizo al combinar las aproximaciones de la encarnación divina y de la Cristología de Adán a la vez).

pasaje comienza hablando del Cristo preexistente en la eternidad y procede a hablar de su encarnación. (3) No creo que el pasaje encarne una Cristología de Adán. Si Adán tiene algo que ver, es de manera muy indirecta. En mi opinión, Adán ha sido una pista falsa en el estudio de este pasaje. (4) Sobre el tema de la dificultad en la traducción del versículo 6b, creo que el mejor razonamiento lingüístico sugiere la traducción: «no consideró el ser igual a Dios como algo a lo que aferrarse». En otras palabras, el tema no es si Cristo se ganó la igualdad o si la retuvo, como se aprecia en algunas traducciones. Tiene igualdad con Dios y no trata de perderla; el tema es su actitud al respecto.[8] (5) La «forma de Dios» (v. 6) y la «forma de siervo (esclavo)» (v. 7), las cuales son deliberadamente opuestas, hacen referencia a formas de aspecto: el esplendor de la divina gloria en el cielo en contraste con la forma humana en la Tierra.[9]

Estas decisiones exegéticas preliminares tienen como resultado la siguiente exégesis de los versículos 6 al 11. El Cristo preexistente, siendo igual a Dios, compartió la gloria divina en el cielo. Pero no consideró su igualdad a Dios como algo de lo que pudiera aprovecharse. No entendía su igualdad con Dios como ser servido por los demás, sino como algo que Él podía expresar en servicio, obediencia, auto-renuncia y auto-humillación por los demás. Por lo tanto, renunció al esplendor externo de la corte celestial por la vida de un ser humano en la tierra, una vida de obediencia a Dios en auto-humillación, incluso hasta el punto de sufrir la particularmente vergonzosa muerte de la crucifixión, la muerte de un esclavo. Esta auto-renuncia radical era su manera de expresar y activar su igualdad con Dios y, *por lo tanto* (v. 9), le habilitaba para ejercitar la Soberanía divina única sobre todas las cosas. Su exaltación a la posición más alta, el trono celestial de Dios, no era una cuestión de ganar o de reconquistar la igualdad de Dios, gloria que nunca había perdido, sino de adoptar la función de implementar la Soberanía escatológica de Dios. Al ejercitar la Soberanía divina única, lleva el nombre divino único, el Tetragrámaton, y recibe la adoración de toda la Creación. Puesto que había expresado su igualdad con Dios en una vida humana de servicio obediente a Él, su ejercicio de la Soberanía divina tampoco compite con la deidad de su Padre, sino que redunda para su gloria (v. 11). Así es cómo el único Dios revela su identidad a toda su Creación y es reconocido como Dios por toda ella.

---

[8] Wright, *The Climax of the Covenant*, 62-90.
[9] Wanamaker, «Philippians 2:5-11», 183-187.

Para concluir esta exégesis básica, comentaré tres puntos más:
(1) Lo que ocurre en el pasaje es una profunda interpretación del deutero-Isaías. Ya hemos discutido la alusión a Isaías 45 en los versículos 10, 11: es universalmente aceptada, aunque no siempre se aprecia toda su importancia. Más cuestionable es la alusión a Isaías 52-53 en los versículos 7-9, pero creo que las conexiones verbales son lo suficientemente fuertes como para establecer tal alusión.[10] Las más importantes son las que siguen:

Filipenses 2:6-11	Isaías 52-53; 45
[Jesucristo] aunque existía en forma de Dios, no consideró ser igual a Dios como algo a lo que aferrarse	
(7) Sino que se despojó a sí mismo tomando forma de siervo haciéndose semejante a los hombres y hallándose en forma de hombre	53:12: derramó su alma (52:14; 53:2: forma... apariencia)
(8) se humilló a sí mismo haciéndose obediente hasta la muerte y muerte de cruz	(53:7: fue llevado ante la Ley) 53:12: ... hasta la muerte
(9) Por lo cual Dios también le exaltó hasta lo sumo y le confirió el nombre que es sobre todo nombre	53:12: Por lo tanto... 52:13: yo le daré parte con los grandes y con los fuertes
(10) para que en el nombre de Jesús se doble toda rodilla de los que están en el cielo y en la Tierra y debajo de la Tierra,	45:22-23: Volveos a mí y sed salvos, todos los confines de la Tierra Porque yo soy Dios y no hay otro
(11) y toda lengua confiese que Jesucristo es el Señor, para gloria de Dios Padre.	Por mí mismo he jurado ha salido de mi boca en justicia Que ante mí se doblará toda rodilla Y toda lengua jurará lealtad.

---

[10] Cf. Cerfaux, «Hymne au Christ–Serviteur de Dieu (Phil., II, 6-11 = Is., LII, 13-LIII, 12)» en *Receuil Lucien Cerfaux: Études d'Exégèse et d'Historie Religieuse*, vol. 2 (BETL 6-7; Gembloux: Duculot, 1954) 425-437.

Lo que no ha sido captado, aun por aquellos que creen que Pablo está pensando en el Siervo Sufriente de Isaías 53, es cómo las alusiones a Isaías 52-53 y a Isaías 54 son coherentes. Pablo está leyendo del deutero-Isaías para decir que la carrera del Siervo del Señor, su sufrimiento, humillación, muerte y exaltación es cómo la Soberanía del único Dios es dada a conocer a todas las naciones.

El versículo clave en Isaías 53 es el 12, el verso final del pasaje: «*Por lo tanto*, yo le daré parte con los grandes... porque derramó su alma hasta la muerte...» El profeta dice que *porque* el Sirviente se humilló, *por lo tanto* Dios le exaltó. Éste es precisamente el mensaje y la estructura del pasaje de Filipenses. Los versículos 7 y 8 son la exégesis de Pablo de las dos cláusulas en Isaías 53:12 («porque derramó su alma hasta la muerte»). Pablo entiende que esta frase resume todo el movimiento de renuncia y humillación, que acaba en la muerte del Siervo. Por eso lo alarga insertando más explicaciones entre «se derramó» (traducción de Pablo al griego del original hebreo de Isaías)[11] y «la muerte», el derramamiento o vaciado es la autorrenuncia en servicio y obediencia, que comienza con la encarnación y acaba inexorablemente con la muerte. Pablo entonces glosa la palabra «muerte» (de Isaías) con la frase «y muerte de cruz» para indicar que el tipo de muerte era apropiadamente vergonzosa para la autohumillación expresada en Isaías 53. Pero Isaías dice que, puesto que el Siervo se vació, Dios le exaltará («dará parte con los grandes»), un tema ya anunciado al principio del pasaje de Isaías (52:12): «He aquí mi siervo prosperará, será enaltecido, levantado y en gran manera exaltado». Pablo se hace eco de este dicho en el versículo 9 («Por lo cual Dios también le exaltó hasta lo sumo») y, entendiéndolo tal y como lo hemos investigado, añade que recibe el nombre divino. El Siervo así exaltado al trono divino es aquel al que los confines de la Tierra se vuelven para reconocer su identidad divina única, de acuerdo con Isaías 45.

(2) Los temas centrales del pasaje son las relaciones entre los estatus alto y bajo, y entre el servicio y el Señorío. Ciertamente, el que pertenece a la identidad divina única («igual a Dios») se convierte también en humano, pero el tema no se enfoca como un contraste entre la naturaleza divina y la humana. La pregunta no es: ¿Cómo

---

[11] J. Jeremias, «Zu Phil. 2,7: EAYTON EKENWSEN», *NovT* 6 (1963) 182-188.

puede el Dios infinito hacerse una criatura finita? ¿Cómo puede el Dios Omnipresente, Omnipotente y Omnisciente llevar las limitaciones humanas? ¿Cómo puede morir el Dios inmortal? Estas preguntas surgen cuando comienzan a destacarse los contrastes entre la naturaleza divina y la humana, como sucedió en el período patrístico. Aquí, en Filipenses 2 se trata de estatus. ¿Puede el que habita en las alturas del cielo, alto en su trono sobre toda la Creación, descender no solamente al nivel humano, sino a la degradación final: la muerte en una cruz? ¿Puede renunciar a la forma de Dios, el honor y la gloria en el lugar divino, donde las miríadas de ángeles le sirven, para tomar la forma de un siervo, con el deshonor y la pérdida de todo estatus que conlleva una vida humana que termina en una cruz? A lo que se refiere la humillación y la obediencia del versículo 8 es no solamente a simples actitudes éticas, sino al rechazo del estatus, el descenso voluntario al lugar más alejado del trono celestial donde se encuentra –y Pablo dice «por lo cual»– es exaltado. No se trata del contraste entre dos naturalezas, la divina y la humana, sino de un contraste más poderoso para la Teología judía del primer siglo, con su imagen central de Dios como el Emperador universal, alto en su trono celestial, exaltado inconcebiblemente sobre todo lo que ha creado y gobierna. ¿Puede la cruz de Cristo estar realmente incluida en la identidad de este Dios?

¿Puede el Señor ser, a la vez, sirviente? El pasaje, inspirado tanto por el deutero-Isaías como por la vida de Jesús, responde: Solo el Siervo puede ser también el Señor.

(3) El pasaje viene a ser lo mismo que una frase cristológica sobre la identidad de Dios. La exaltación de Cristo al participar en la Soberanía divina única muestra que está incluido en la identidad divina única. Pero ya que el Cristo exaltado es primero que el Cristo humillado, ya que esa exaltación *se debe a* su abnegación, su humillación pertenece a la identidad de Dios igual que su exaltación. La identidad de Dios –quién es Dios– se revela tanto en la humillación y el servicio como en su exaltación y gobierno. El Dios que es sublime también puede ser humilde, porque Dios es Dios no porque busca su propio provecho, sino porque se entrega. Al entregarse en humillación y servicio asegura que su Soberanía sobre todas las cosas es también una manera de entregarse. Solamente el Siervo puede ser el Señor. Sólo el Siervo, que es también el Señor,

recibe el reconocimiento de su Señorío –el reconocimiento de su deidad única– por parte de toda la Creación.

La humillación y exaltación de Jesús como revelación de la identidad divina en tres ejemplos de la lectura cristiana primitiva de Isaías 40-55: (2) El Apocalipsis

Examinamos a continuación más brevemente el segundo de nuestros tres ejemplos sobre cómo el Nuevo Testamento ha leído Isaías 40-55 con relación a la humillación y exaltación de Jesús: el libro del Apocalipsis. El capítulo 4 describe, como gran parte de la literatura apocalíptica, el gran trono divino sobre el que se sienta el que creó todas las cosas. El resto del libro revela su propósito para alcanzar su Soberanía escatológica sobre la Creación en la que su gobierno está en constante contienda. El capítulo 5, la continuación de la visión del trono divino en el cielo, revela de forma preliminar cómo ocurrirá esto y anticipa el resultado: la adoración de Dios por cada criatura en toda la Creación. La escena tiene un paralelismo cercano a Filipenses 2. Juan ve al Cristo exaltado en el trono divino, representado en su visión como un cordero al que hubieran degollado. El cordero recibe la adoración de los ayudantes celestiales, de igual forma en la que Dios la había recibido en el capítulo 4, pero ahora el círculo de adoración se expande, de modo que cada criatura del cielo y de la Tierra y del mar adora «al que está sentado en el trono y al cordero» (v. 13). Así se produce la entronización del cordero degollado, su ejercicio de la Soberanía divina, que lleva al reconocimiento universal de Dios a cuya identidad pertenece. El cordero es sin duda el cordero pascual y pertenece a la imagen de la salvación escatológica como el nuevo Éxodo, una de las imágenes generales del libro. Pero la imagen del cordero de pie, como inmolado, es también una alusión a Isaías 53:7. En el contexto de la imagen dominante del nuevo Éxodo del deutero-Isaías, la imagen del Siervo como un cordero llevado al matadero sitúa al Siervo en el papel del cordero pascual del nuevo Éxodo. Así, aunque el Apocalipsis, con sus imágenes del cordero inmolado en el trono del universo, tiene como tema principal buscar la exaltación de Cristo en su cumplimiento dl Señorío divino en su futura venida, en realidad dice lo mismo sobre la identidad y gobierno divino que Filipenses 2. La muerte sacrificial de Cristo pertenece a la identidad divina del mismo modo que su entronización y su *parousia*. La Soberanía divina no se entiende completamente hasta que se ve ejercitada por el que dio testimonio de la verdad de Dios, llegando incluso hasta la muerte. Solamente el cordero inmolado es el Cristo del Apocalipsis y también el primero y el último, el Alfa y la Omega.[12] Una vez más, la inclusión en la identidad de Dios del Jesús terrenal y su muerte significa que la cruz revela quién es Dios.

La humillación y exaltación de Jesús como revelación de la identidad divina en tres ejemplos de la lectura cristiana primitiva de Isaías 40-55: (3) El Evangelio de Juan

Para completar nuestro recuento de la lectura primitiva cristiana de Isaías 40-55 en nuestros tres ejemplos del Nuevo Testamento, volvemos ahora al Evangelio de Juan. Vimos anteriormente cómo Juan sitúa la gran declaración monoteísta del deutero-Isaías, «Yo soy», en labios de Jesús en una serie de siete frases absolutas con Yo Soy. Ahora veremos cómo Juan relaciona este dar a conocer la identidad única de Dios en Jesús con su humillación y pasión. Acercarnos a este tema a través de la interpretación de Juan del deutero-Isaías nos dará una visión renovada en el extenso debate sobre la visión joánica de la cruz.

El versículo inicial del pasaje sobre el siervo sufriente en Isaías (Isaías 52:13) dice:

> He aquí, mi siervo prosperará,
> será enaltecido y levantado y en gran manera exaltado.

O en la versión griega de la Septuaginta:

> He aquí, mi siervo prosperará,
> y será exaltado *(hupsothesetai)*
> y en gran manera glorificado *(doxasthesetai)*.

La mayoría de los intérpretes de este pasaje, incluyendo a Pablo en Filipenses 2, y a otros autores del Nuevo Testamento, entienden el primer versículo como una declaración anticipada de la exaltación del Siervo, a

---

[12] Cf. Bauckham, *The Theology*, 64, 70, 71.

la que seguirá la humillación, sufrimiento y muerte que el pasaje continúa describiendo. Isaías 52:13 anuncia de antemano la exaltación del Siervo, que de otra forma solamente se alcanza al final del texto (3:12).

Juan, creo yo, ha interpretado este versículo de manera muy distinta. Lo ha entendido como un resumen del tema del pasaje. En otras palabras, la exaltación del Siervo, de la que este pasaje habla es toda la secuencia de humillación, sufrimiento, muerte y vindicación más allá de la muerte, según describe el capítulo 53. El Siervo es exaltado y glorificado en su humillación y sufrimiento. Ésta es la fuente exegética para la profunda interpretación teológica que Juan hace de la cruz como exaltación y glorificación de Jesús.

En el cuarto Evangelio encontramos principalmente dos formas en las que Jesús se refiere a la cruz como su destino final. Ambas son enigmáticas dentro del contexto; ambas son teológicamente significativas para el lector perceptivo. Para describir la exaltación del Siervo, la versión de la Septuaginta de Isaías 52:13 utiliza dos verbos: *hupsoo* (levantar, exaltar, alzar) y *doxazo* (honrar, glorificar). Ambos aparecen en cada una de las dos formas. Consideraremos los verbos por separado.

Las predicciones de la Pasión de los Evangelios Sinópticos, dicen que el Hijo del hombre debe sufrir, con detalles concretos sobre su rechazo y muerte, y probablemente haciendo referencia a Isaías 53 como el destino profético que debe cumplir.[13] En su lugar, Juan tiene tres predicciones sobre la Pasión que dicen que el Hijo del hombre debe ser «levantado» *(hupsoo)*:

> **3:14, 15**: Y como Moisés levantó *(hupsosen)* la serpiente en el desierto, así es necesario que sea levantado *(huposthenai)* el hijo del hombre, (15) para que todo aquel que cree, tenga en Él vida eterna.

> **8:28**: Por eso Jesús dijo: «Cuando levantéis *(hupsosete)* al Hijo del Hombre, entonces sabréis que yo soy y que no hago nada por mi cuenta, sino que hablo estas cosas como el Padre me enseñó».

> **12:32, 34**: «Y yo, si soy levantado *(hupsotho)* de la Tierra, atraeré a todos a mí mismo». (33) Pero Él decía esto para indicar de qué clase de muerte iba a morir. (34) Entonces la multitud le respondió: «Hemos

---

[13] Mateo 16:21; 17:23; 20:1; Marcos 8:31; 10:33-34; Lucas 9:22; 18:33.

oído en la Ley que el Cristo permanecerá para siempre, ¿cómo dices tú: "El Hijo del hombre tiene que ser levantado *(hupsothenai)*"? ¿Quién es este hijo del hombre?».

En comparación con las predicciones sobre la Pasión en los Sinópticos, en estos pasajes de Juan la alusión al siervo sufriente es más directa. Y en su concisión peculiar (una palabra: «levantado»), es deliberadamente enigmática. Y este enigma de Juan provoca la iluminación teológica en el lector. En este caso, la clave es el doble significado de la palabra. Se refiere literalmente a la crucifixión como al levantamiento de Jesús sobre la Tierra (como aclara 12:33). Y también, en sentido figurado, al mismo hecho de la elevación de Jesús al estatus de Soberanía divina sobre el Cosmos. La cruz ya es su exaltación. Su carácter físico, como elevación literal de la Tierra, simboliza su carácter teológico como el momento decisivo hacia el cielo, como el lugar de Soberanía divina. Los verdugos de Jesús querían hacer que la elevación literal fuera humillante, como muestra de una desgracia que todo el pueblo podría ver. Los lectores de Juan, no obstante, lo ven a través de los ojos del deutero-Isaías, como el acontecimiento en el que la identidad divina de Jesús se manifiesta ante todos, atrayendo a todas las personas (12:32). Pero podremos apreciar el significado completo, en términos del Monoteísmo del deutero-Isaías, solamente si observamos el resumen en 8:28 de la alusión a Isaías 52:13 (el levantamiento del Hijo del hombre) con la declaración divina «Yo soy», también del deutero-Isaías. Este pasaje es central en las tres frases sobre el levantamiento del Hijo del Hombre (3:14, 15; 8:28; 12:32-34), y también es la expresión central en la serie de siete apariciones absolutas del «yo Soy».[14] Relaciona teológicamente las dos series de frases de forma deliberada. *Cuando* Jesús es levantado, exaltado en su humillación en la cruz, *entonces* la identidad divina única («Yo soy») será revelada para que todos la vean. La esperanza del deutero-Isaías, de que el único verdadero Dios demostrará su deidad al mundo, de modo que todos los confines de la Tierra se volverán a Él para ser salvados, se completa cuando la identidad divina se revele en la muerte de Jesús. Estas tres expresiones del Hijo del Hombre conjuntas, no simplemente repitiéndose, sino complementándose, hacen este punto comprensivo: la cruz revela la divina identidad de Jesús (8:28), de modo que todas las personas se acerquen a Él (12:32) para salvación (3:14, 15).

---

[14] Juan 4:26; 6:20; 8:24, 28, 58, 13:19; 18:5-8.

Las frases que se refieren a la muerte de Jesús como su glorificación (dos más del Hijo del hombre, igual que otras), parten del segundo verbo clave de Isaías 52:13 *(doxazo)*, y vienen a decir lo mismo de manera diferente, que las frases que hablan del levantamiento del Hijo del Hombre:

12:23: ... Ha llegado la hora para que el Hijo del Hombre sea glorificado *(doxasthe)*.

13:31, 32 ... Ahora es glorificado *(edoxasthe)* el Hijo del Hombre, y Dios es glorificado *(edoxasthe)* en Él. Si Dios es glorificado en Él, Dios también le glorificará *(doxasei)* a sí mismo, y le glorificará enseguida.

El verbo *(doxazo)* puede significar «honrar» y, en este sentido, apunta a la misma paradoja joánica de la cruz. Igual que la humillación de Jesús es al mismo tiempo su exaltación, del mismo modo Jesús está siendo honrado por Dios a través del rechazo, la vergüenza y su desgracia en la peculiarmente vergonzosa forma de morir. A través de esta paradójica MUERTE Jesús también honra a Dios, y Dios es honrado en Él. Pero el uso que Juan hace del verbo se refiere a algo más que a «honrar»: se refiere al esplendor del cielo (gloria), con el que otros textos del Nuevo Testamento asocian al Cristo exaltado ejerciendo la Soberanía divina. El cuarto Evangelio en sí mismo otorga la preeminencia programática a esa gloria (el esplendor celestial), que es la apariencia de Dios, la manifestación del ser de Dios, cuando el prólogo afirma que «vimos su gloria, como la del unigénito del Padre» (1:14). Esta gloria es la manifestación visible del ser de Dios, reflejada en la vida terrenal de Jesús, un hijo que es la viva imagen de su Padre. Aparece en los milagros de Jesús, que revelan su gloria, pero de manera suprema en la hora de su glorificación, cuando finalmente se manifiesta la identidad divina en la Tierra tal y como es en el cielo. No es que las palabras «el Hijo del Hombre es glorificado» signifiquen literalmente que «Él manifiesta la gloria divina». Más bien se trata de un juego de palabras, que tiene que ver con la glorificación del Siervo (Isaías 52:13), con la revelación de la gloria del Señor, también un tema del deutero-Isaías.

Entonces será revelada la gloria del Señor,
y toda carne a una la verá (Isaías 40:5).

Dios crucificado: La identidad divina revelada en Jesús

Esta manifestación escatológica al mundo de la gloria de Dios –la revelación de quién es Dios– se lleva a cabo en la muerte de Jesús.

En ambas series de frases –las que se refieren a la cruz como el levantamiento de Jesús y las que se refieren a la cruz como su glorificación– la identidad divina se revela en la paradoja de la muerte de Jesús: su humillación que es, en realidad su exaltación divina, su vergüenza, que es en realidad su honor divino. Ésta es la forma en la que se intensifica el tema de Filipenses 2:5-11. En este texto, la identidad divina se revela en la humillación y en la exaltación como una secuencia, en la que uno primero se derrama hasta la última degradación de la cruz para ser luego exaltado a la posición más alta de todas.

En Filipenses, la paradoja que transforma el significado de la exaltación es que aquél que se humilla al máximo es, *por lo tanto*, exaltado al máximo. Pero en Juan la paradoja se intensifica: la humillación de Jesús en realidad es su exaltación por Dios. Justo lo mismo ocurre el contraste entre el Señor y el Siervo, que según Filipenses 2 es una secuencia: el que es obediente hasta el punto de morir como un esclavo es por lo tanto exaltado a la Soberanía cósmica como Señor. Jesús es siervo y Señor en sucesión. Pero en toda la narración de la Pasión, Juan funde simultáneamente los dos temas del Señorío y la servidumbre. Jesús es el rey en humildad (al entrar en Jerusalén), el rey en la humillación (ante Pilato y en la cruz), y el rey en la muerte (su entierro real). Jesús es el Señor que sirve, que representa el significado de este concepto al lavar los pies de sus discípulos, una tarea doméstica reservada solamente para los esclavos. Su Señorío consiste en su servicio humillante hasta el punto de llegar a morir. Igual que es exaltado en su humillación y glorificado en su desgracia, también reina al ser el siervo. Así es cómo revela quién es Dios. En la humillación del que sirve es donde aparece lo que significa ser Dios en la Soberanía y gloria de Dios.

Una vez más, el prólogo nos da la clave programática. En esta ocasión es el uso de la palabra «gracia» (1:14, 17), puesto que Dios es quien es en su entrega llena de gracia. La identidad de Dios aparece en el servicio amante y en la abnegación hasta la muerte de su Hijo. Porque Dios es quien es en su entrega llena de gracia. Podemos concluir que la identidad de Dios no se revela simplemente, sino que se representa en el hecho de la salvación del mundo que su Hijo consigue a través del servicio y la autohumillación.

La humillación y exaltación de Jesús como revelación de la identidad divina en tres ejemplos de la lectura cristiana primitiva de Isaías 40-55: Resumen

Se trata de recapitular brevemente el testimonio de los tres textos del Nuevo Testamento, que hemos estudiado y reconocer el efecto del Jesús crucificado como incluido en la identidad de Dios. Aquí, Dios es visto como Dios en su autoentrega radical, descendiendo a la posición humana más abyecta. Y no es menos Dios al ser obediente, humillarse, sufrir y morir como hombre, que cuando está señoreando el Cosmos con gloria desde el trono celestial. No es que Dios se manifieste en gloria celestial y se esconda en la degradación humana en la cruz. Esto último da a conocer a Dios de la misma forma que lo primero. La identidad divina es manifestada en un contraste radical y en una conjunción entre exaltación y humillación: como el Dios Creador de todas las cosas, que no es menos Dios en la vida humana de Jesús; como el Dios que es Soberano sobre todas las cosas, y no es menos Dios en el servicio y obediencia humanas de Jesús; como el Dios de Majestad trascendente y que no es menos Dios en la vil humillación en la cruz. No son contradicciones porque Dios se da en amor, tanto en su Creación y Señorío sobre todas las cosas como en su encarnación y muerte humanas. El contraste radical entre la humillación y la exaltación es precisamente la revelación de quién es el Dios que entrega radicalmente su amor como parte de él mismo. Gobierna solamente como aquel que es siervo. Es exaltado sobre todo solamente como Aquel que está con lo más bajo de lo más bajo. Éste es el significado de *«por lo cual»* de Filipenses 2 (*por lo cual* Jesús se degradó a sí mismo a la posición más baja, *por lo cual* fue exaltado a la posición más alta). Éste es el significado del cordero degollado, como inmolado de pie en el trono de Dios en Apocalipsis 5. Éste es el significado de la paradoja joánica de que Jesús es exaltado y glorificado en la cruz.

Finalmente, antes de pasar a la siguiente fase del argumento, es importante recalcar que esta revelación de la identidad divina en la cruz no significaba, para los escritores del Nuevo Testamento, que la vida y la muerte de Jesús eran simplemente una ilustración de una verdad general sobre Dios: que Jesús revela que Dios siempre es de este modo. En algún sentido, como veremos a continuación, esto era ya sabido por Israel. La Historia de Jesús no es una mera ilustración de la identidad divina: Jesús es en sí mismo y por su Historia, intrínseco a la identidad divina. La historia de Jesús, su humillación, su exaltación, es el acto único de la entrega de Dios, mediante la cual Dios demuestra su deidad al mundo al conseguir la salvación para todos.

En las palabras del prólogo de Juan, a través de Jesucristo, la gracia y la verdad tuvieron lugar –la autoentrega divina ocurrió en toda su extensión– y ésta es la manera por la cual se ha revelado la gloria de Dios que nadie ha visto nunca (Juan 1:14-18). En este acto de autoentrega, Dios es Él de verdad y se define para el mundo.

Dios crucificado y Dios de Israel: Novedad y consistencia

Ahora llegamos al momento de la argumentación en la que debemos volver a nuestro punto de origen En otras palabras, a la identidad del Dios de Israel revelada en las Escrituras hebreas.

Si Jesús revela quién es Dios, si la identidad de Dios es como Dios crucificado, ¿Qué tiene que ver esta revelación con la identidad del Dios de Israel? ¿Es el mismo Dios? ¿Es Jesús consistente con su identidad en la revelación del Antiguo Testamento? ¿Es la revelación de su identidad en Jesús solamente la revelación universal al mundo, o es la identidad divina perfectamente conocida por Israel? ¿O es su identidad más perfecta en Jesús?

Para responder a tales preguntas debemos volver a mi resumen inicial, del capítulo 1, de cómo el Israel bíblico y post-bíblico entendía la identidad del Dios de Israel. De tal resumen, he aislado dos de los rasgos fundamentales de la identidad divina, y seguido con el resto de mi teoría en los siguientes capítulos a partir de ellos (la actividad creativa y soberana de Dios). La razón de aislar estos dos rasgos era que los judíos entendían que la unicidad de Dios se centraba en Él como Creador de todas las cosas y como Señor de ellas. Éstos son los dos rasgos que mejor sirven para distinguir a Dios del resto de la realidad y para identificarle como el único, aquél al que todas las cosas ven como su Creador y Soberano. Estos rasgos también sirvieron para hacer inequívocamente clara la inclusión de Jesús en la identidad divina única por parte de los escritores del Nuevo Testamento. No obstante, mientras que estos rasgos servían para distinguir más claramente a Dios del resto de la realidad, no eran suficientes, de ningún modo, para caracterizar su relación con su Creación, y tampoco le identificaban suficientemente tal y como era conocido por su propia revelación. Israel tenía mucho que decir sobre la identidad divina. En esta conexión en el capítulo 1, expuse dos ideas principales, las cuales tienen que ver con la relación de Dios con el pueblo del pacto. La primera idea es que Dios se identifica por sus obras en la historia de Israel, especialmente en el Éxodo. La segunda es que Dios es conocido por su carácter en la descripción dada a Moisés: «compasivo y clemente, lento para la ira y grande en misericordia y verdad» (Éxodo 34:6). Las obras de Dios en la historia de Israel y la descripción de su carácter juntas le identifican como aquél que actúa con gracia para con su pueblo. Juntas le sirven a Israel para definir quién es Dios.

No obstante, se esperaba que el Dios de tal manera identificado actuara de nuevo en el futuro, de un modo coherente con su identidad ya conocida. Así el deutero-Isaías, de un modo especialmente importante para los primeros cristianos, esperaba un acontecimiento del nuevo Éxodo, de acuerdo con el modelo del primero, pero mucho más trascendente. Dios demostrará su deidad a Israel y en todos los confines de la Tierra, y obrará no solamente en la salvación de Israel, sino en la de todo el mundo. No es un accidente que el Dios del deutero-Isaías sea tanto el Dios del Pacto como también el Creador y Señor de todas las cosas. En el Éxodo escatológico demostrará ser el Dios de todos los pueblos, Soberano y Salvador de todos, de una forma coherente con su identidad como el Dios de gracia de su pueblo Israel. Su unicidad como Creador y soberano de todo será reconocida universalmente cuando actúe con gracia para la salvación de Israel y del mundo.

Para los que han experimentado este nuevo Éxodo, los primeros cristianos, la continuación es que una nueva narración de las obras de Dios se vuelve definitiva de su deidad. De la misma forma que Israel identificó a Dios como el que le sacó de Egipto, contando la historia de Dios con Israel, el Nuevo Testamento identifica a Dios con la historia de Jesucristo y cuenta la historia de Jesús como la historia de la Salvación del mundo. Esta nueva historia es coherente con la ya conocida identidad del Dios de Israel, pero nueva en cuanto a cómo se identifica de manera definitiva y universal con el Creador y Señor de todo, que se ha convertido en Salvador, por gracia, de todos en Jesucristo. Hasta aquí, la novedad es qué podía esperarse del Dios conocido por Israel. Pero, ¿No es algo más radicalmente novedoso por sorprendente e inesperado?

Cuando los primeros cristianos incluyeron a Jesús, un ser humano, humillado y exaltado, en la identidad de Dios; cuando contaron la historia de Jesús, ya sea de forma resumida en Filipenses 2:5-11 o en gran detalle en el cuarto evangelio, como la historia de la propia obediencia humana de Dios, su humillación, degradación y muerte, ¿no estaban diciendo algo radicalmente nuevo sobre Dios? Si es así, debemos contrastar la pregunta sobre su consistencia con la identidad conocida del Dios de Israel. Un apunte importante en esta conexión es que la identidad del Dios de Israel no excluye lo sorprendente o inesperado. Más bien al contrario, esta libertad de Dios como tal requiere estar libre de toda expectativa humana, incluso aquellas basadas en su identidad revelada. Puede actuar de forma nueva y sorprendente, en la que demuestra ser el mismo Dios, coherente con su identidad conocida, pero de manera inesperada. Es libre y fiel a la vez. No es caprichoso, pero tampoco previsible. Podemos confiar en que es coherente consigo mismo, pero puede sorprendernos cómo demuestra esta coherencia. Ésta sólo puede ser apreciada por retrospección. La pregunta entonces es cómo los primeros cristianos encontraron coherencia en la novedad. Si el Dios crucificado introduce la novedad radical en la identidad de Dios, ¿dónde está la coherencia de la identidad? Lo primero que hay que decir es simplemente reiterar lo que dijimos anteriormente en este libro, que el Monoteísmo judío no caracterizaba la unicidad de Dios de tal modo que se hiciera inconcebible la inclusión cristiana primitiva en la identidad única de Dios. Aquellos estudiosos, incluyendo a muchos del Nuevo Testamento, que asumen que ningún monoteísta judío podía haber aceptado la Cristología divina, incluyendo a Jesús en la identidad divina sin abandonar el Monoteísmo judío, no han comprendido dicho Monoteísmo. No obstante, por decirlo de alguna manera, esta coherencia negativa era claramente insuficiente para los primeros cristianos. Lo que impresiona del material que hemos estudiado es cómo desarrollaron su nuevo entendimiento de la identidad cristológica de Dios a través de la exégesis de las Escrituras hebreas. Para ilustrar esto, aunque podía haberse ilustrado de otras maneras, me he centrado en su exégesis del deutero-Isaías. Precisamente en el momento en que apreciaron más completamente la nueva identidad de Dios en Jesús, estaban involucrados en la exégesis, en el proceso de interpretar y relacionar mutuamente las Escrituras hebreas y la historia de Jesús. Comprendemos mal este proceso si lo vemos como un intento, al leer la Cristología en los textos, de pretender que realmente no había nada inesperado. Los primeros cristianos sabían mejor que nosotros que algunas de las ideas clave que habían encontrado en el deutero-Isaías no habían sido descubiertas nunca. Pero la labor de la exégesis creativa les permitió encontrar coherencia en la novedad. Apreciaron lo más radicalmente nuevo precisamente en el proceso de entender su continuidad con lo que ya había sido revelado. Haciendo deliberadamente una retrospección, entendieron la identidad del Dios de Israel de nuevo a la luz de su nueva identidad como el Dios de Jesucristo. Vieron que eran uno y el mismo Dios, no de la forma que podían prever, sino a la luz de este nuevo trasfondo.

Por lo tanto, consideraré tres ideas más sobre el tema de la consistencia y la novedad en la identidad de Dios. Primero, volvamos al contraste de Filipenses 2, entre el estatus alto y bajo, la exaltación y la humillación, el honor y la vergüenza. Este contraste es en mi opinión, el punto en el que la inclusión de la vida humana y muerte vergonzosa de Jesús es más sorprendente que el entendimiento de Dios del Judaísmo del Segundo Templo. La imagen del Dios soberano, Señor en su trono majestuoso elevado sobre todos los cielos era tan dominante en el Judaísmo del Segundo Templo que la noción de la autodegradación divina al estatus humano más humilde era fácilmente considerada como inconcebible. Este tema del estatus divino y humano sería el verdadero tropiezo, más que los problemas con los que se encontraría más tarde la doctrina cristiana de la Encarnación: la naturaleza unitaria de un Dios que no puede ser diferenciado internamente, o las definiciones de la naturaleza divina y humana que se les presentan como incompatibles. Estos problemas son claramente visibles en el Nuevo Testamento, pero el contraste de la exaltación divina y la humildad humana, exaltación soberana y degradación servil es un tema preocupante.

Aún así, sea cual sea la impresión de parte de la literatura judía postbíblica, la identidad de Dios ya incluye, de algún modo, su humildad junto con su exaltación. Isaías 57:15, un texto con el que ya nos hemos encontrado en relación con Filipenses 2:5-11 dice:

> Porque así dice el Alto y Sublime
> que vive para siempre, cuyo nombre es Santo
> Habito en lo alto y santo
> y también con el contrito y humilde de Espíritu...

El Dios de Israel es característicamente el Dios de los humildes y humillados, el Dios que escucha el lamento del oprimido, el Dios que levanta a los pobres del polvo, el Dios que desciende desde su trono en lo alto, se identifica con los que están en las profundidades, el Dios que ejercita su Soberanía en lo alto con solidaridad con los que tienen aquí el estatus más bajo. Pablo evoca esta característica de la identidad del Dios de Israel, en Filipenses 2:5-11, al describir la narración del Siervo del Señor, humillado y exaltado, partiendo de Isaías 53. La novedad radical en Filipenses 2 está en cómo Dios en Jesucristo mora en las profundidades, no solamente con los humildes, sino como el más humilde de todos. La exaltación de los humildes, característica de Dios, se convierte en un patrón en el que Él mismo participa. No podían haberlo esperado, pero no se trata de nada raro. Es una novedad, pero apropiada a la identidad del Dios de Israel.

En segundo lugar, cómo el Prólogo de Juan relata la revelación de Dios en la encarnación de la identidad del Dios de Israel es instructivo. Los últimos versículos del prólogo (Juan 1:14-18) aseguran que Dios, que nunca ha sido visto por ojo humano, ha sido revelado en la vida humana de Jesucristo, que refleja la gloria de su Padre y está lleno de gracia y verdad. Todos estos términos aluden a la historia de la revelación de Dios de sí mismo a Moisés en Éxodo 33-34, en la que sucede la descripción central de Dios en el Antiguo Testamento. Moisés pide ver la gloria de Dios (33:18), y se le dice que no puede ver la cara de Dios, pero mientras que Dios le cubre los ojos y pasa delante de Él, Moisés escucha cómo Dios proclama su nombre y dice: «YHWH, YHWH, Dios compasivo y clemente, lento para la ira, y grande en misericordia y verdad» (Éxodo 34:6) o, en la traducción de Juan, «lleno de gracia y verdad» (Juan 1:14).[15] Moisés solamente podía oír la palabra de Dios proclamando *que* Él está lleno de gracia y verdad. No podía ver su gloria. Pero en el verbo hecho carne, la gloria de Dios se veía en forma humana, y la gracia y la verdad, según Juan 1:17, sucedían o se creaban *(egeneto)*. Así, el amor lleno de gracia de Dios, fundamental para la identidad del Dios de Israel, ahora adquiere radicalmente la nueva forma de vida humana, en la que sucede la autoentrega divina. No era previsible, pero a la luz de este nuevo trasfondo, ahora se entiende.

En tercer lugar, la idea que a nosotros nos parece más novedosa sobre la nueva identidad de Dios es una que, intencionadamente, no he hecho explícita hasta ahora: que la inclusión de la identidad de Jesús en la identidad de Dios significa la inclusión de Dios en la relación interpersonal entre Jesús y su Padre. La identidad divina ya no puede ser descrita más simple y puramente mediante una analogía con un sujeto humano individual. Y puesto que la descripción de Dios en la Biblia hebrea emplea, en un sentido más amplio, la analogía de un agente humano, esto puede parecer una innovación tan radical que arroje dudas sobre la consistencia

---

[15] Cf. A. T. Hanson, *Grace and Truth* (Londres. SPCk, 1975), capítulo 1.

de la identidad divina. Pero si pensamos así, podemos estar atribuyendo a los escritores bíblicos una forma de pensar poco sutil y antropomórfica. Mientras que la identidad humana puede ser la analogía común para el pensamiento sobre la identidad divina, el Dios de Israel claramente trasciende las categorías de la identidad humana. Estas categorías son usadas con el conocimiento de que Dios las trasciende. En la relación única de Dios con el resto de la realidad como Creador de todas las cosas y Señor soberano de todas ellas, las analogías humanas, que son indispensables, apuntan claramente a la identidad divina trascendente que es diferente a la de una persona humana. No hay nada en la comprensión de la identidad divina del judaísmo del Segundo Templo que se contradiga con la posibilidad de relación interpersonal de la identidad divina, pero la verdad es que hay muy poco o nada que lo anticipe.

La novedad de la identidad divina revelada como relación intradivina es, en mi opinión, sorprendentemente reconocida en el texto del Nuevo Testamento, de la forma más apropiada a la tradición bíblica de entender la identidad divina. En este texto, Dios adquiere un nuevo nombre que le identifica de esta nueva forma revelada de identidad. Para apreciar este texto, puede ser de ayuda retroceder primero a la ocasión en la narración del Antiguo Testamento, en la que Dios revela su nombre, YHWH, por el cual no había sido conocido previamente. En la zarza ardiente de Éxodo 3, Dios se identifica ante Moisés como el Dios de los patriarcas, el Dios de Abraham, Isaac y Jacob (3:6), pero su identidad no es suficiente para explicar los acontecimientos a través de los cuales va a sacar a Israel de Egipto y lo hará su pueblo. Para esta nueva identidad se requiere la revelación del nombre, mediante el cual ese pueblo debe conocerle a partir de ese momento. Su antigua identidad como el Dios de los patriarcas no se rechaza de ningún modo, sino que es superada. Puesto que las historias de los patriarcas han sido llamadas de forma apropiada «El Antiguo Testamento del Antiguo Testamento»,[16] la transición del Dios de los patriarcas a YHWH el Dios de Israel es un precedente de la transición posterior al Dios de Jesucristo. Una vez más, un nuevo nombre identifica la identidad recientemente revelada, aunque solamente en un texto del Nuevo Testamento ocurre con claridad: Mateo 28:19.

Aunque único, este texto es importante y merece que prestemos atención a su contexto. Los últimos cinco versículos forman el clímax de un

---

[16] R. W. Moberly, *The Old Testament of the Old Testament* (OBT; Minneapolis, Fortress, 1992).

Evangelio en el que Dios ha sido identificado en repetidas ocasiones como el Dios de Israel, pero en el que la inclusión de Jesús en su identidad divina ha sido también repetidamente indicada.[17] El Jesús resucitado recibe adoración y declara su exaltación al ejercicio de la Soberanía divina sobre todas las cosas (Mateo 28:18: «Toda autoridad me ha sido dada en el cielo y en la Tierra»). Su inclusión en la identidad divina ahora es inequívoca. La escena del Evangelio es equivalente aparte del pasaje cristológico de Filipenses 2:5-11. Pero, mientras que en este pasaje el Cristo exaltado recibe el nombre divino del Antiguo Testamento, YHWH, en esta ocasión los discípulos deben bautizar en «el nombre del Padre, del Hijo y del Espíritu Santo» (versículo 19). La fórmula, como en la frase «llamado en el nombre del Señor», en la que el uso del Nuevo Testamento parte del Antiguo, con referencia al bautismo y a la profesión de la fe cristiana, requiere precisamente un nombre divino. «El Padre, el Hijo y el Espíritu Santo» nombra la recientemente revelada identidad de Dios, divulgada en la historia que el Evangelio ha contado sobre Jesús.

Para concluir la discusión sobre la coherencia y la novedad de la revelación en el Nuevo Testamento de la identidad de Dios, podemos decir que en Cristo, Dios demuestra tanto su deidad al mundo como el mismo Dios único que su pueblo, Israel, ha conocido siempre. Al hacerlo también se identifica a sí mismo de nuevo. Como el Dios que incluye en su identidad al Jesús humillado y exaltado, Él es el Padre, el Hijo y el Espíritu Santo. Es decir, el Padre de Jesucristo, Jesucristo el Hijo y el Espíritu del Padre dado al Hijo.

Evaluación de los últimos desarrollos cristológico-teológicos

En esta breve sección final, indicaré lo que las implicaciones de mi argumento sobre la Cristología del Nuevo Testamento supondrán para futuros desarrollos teológicos, en el periodo patrístico y posteriores. Puede ser de ayuda reiterar por última vez las dos ideas centrales que he comentado sobre la relación entre el Monoteísmo y la Cristología en el Nuevo Testamento: (1) Los escritores del Nuevo Testamento clara y deliberadamente incluyeron a Jesús en la identidad única del Dios de Israel; (2) la

---

[17] Cf. D. D. Kupp, *Mathew's Emmanuel: Divine Presence and God's People in the First Gospel* (SNTSMS 90; Cambridge, Cambridge University Press, 1996).

inclusión de la vida humana y la muerte vergonzosa, igual que la exaltación de Jesús en la identidad divina, revelan la identidad divina −quién es Dios− de una nueva manera.

Si miramos más allá del Nuevo Testamento, esta interpretación de la Cristología del Nuevo Testamento hace posible una nueva evaluación de la continuidad entre el Nuevo Testamento y el desarrollo patrístico del dogma, en particular el logro de la ortodoxia de Nicea en el siglo cuarto. Generalizando, parecen existir dos maneras dominantes de interpretar el desarrollo de la Cristología del Nuevo Testamento hasta el Concilio de Nicea y posteriormente. La primera entiende que el Nuevo Testamento contiene de forma embrionaria la fuente del desarrollo que culminaría en la Teología nicena del siglo IV. En otras palabras, la Cristología del Nuevo Testamento se dirige hacia el reconocimiento de Jesús completa y verdaderamente como Dios, pero fue tarea de los teólogos del siglo IV expresarla de una forma elaborada y completa, y de encontrar las maneras adecuadas de llevarla a cabo dentro del contexto de una doctrina trinitaria de Dios. En contra de esta interpretación mi opinión ha sido que, cuando entendemos el Monoteísmo judío como debe ser, podemos ver que los escritores del Nuevo Testamento están expresando, de forma deliberada y elaborada, una Cristología completa y divina, al incluir a Jesús en la identidad única de Dios, según la definición del Judaísmo del Segundo Templo. Cuando reconocemos las categorías teológicas con las que trabajan, parece claro que no se trata de nada en estado embrionario o tentativo. En sus propios términos, es la expresión adecuada de la Cristología divina completa. Es, como la he llamado, una Cristología de la identidad divina. El modelo de desarrollo, que afirma que el Nuevo Testamento es sólo el inicio de una cristología que solamente se completa en el siglo IV, queda, por lo tanto, seriamente cuestionado.

La segunda forma de interpretar las pruebas supone que una Cristología que atribuía divinidad verdadera a Jesús no podía haberse originado en un contexto de Monoteísmo judío. Según esta opinión, la Cristología divina es el resultado de la transición de la religiosidad judía a la helenista, y a las subsecuentes categorías filosóficas helenistas. Nicea representa el triunfo de la filosofía griega en la doctrina cristiana. Esta forma de interpretar la Historia me parece virtualmente opuesta a la verdad. En otras palabras, eran las categorías filosóficas griegas, y no las judías, las que hacían difícil atribuir a Jesús la divinidad verdadera y completa. La idea judía de la identidad divina estaba abierta a la inclusión de Jesús en la identidad divina. Pero las definiciones filosóficas griegas −platónicas− de la sustancia o naturaleza divina, y la visión platónica de la relación de Dios con el mundo hacían extremadamente difícil ver a Jesús como más que un ser semi-divino, que no era ni un Dios de verdad, ni un hombre de verdad. En el contexto de las contradicciones arrianas, la Teología nicena era esencialmente un intento de resistir las implicaciones de las ideas de la filosofía griega sobre la divinidad y reapropiarse, en un nuevo contexto conceptual, de la inclusión que el Nuevo Testamento hace de Jesús en la identidad divina única.

El giro conceptual de las categorías judía a griega va desde los conceptos centrados en la identidad divina –quién es Dios– a los centrados en la naturaleza divina –qué es Dios. La consigna del credo de la Teología nicena –el *homoousion* (que Cristo es de la misma sustancia que el Padre)– puede parecer inicialmente como una completa capitulación de las categorías griegas. Pero la impresión es diferente cuando entendemos su función dentro del contexto narrativo y trinitario, por ejemplo en los credos niceno y niceno-costantinopolitano. Este contexto identifica a Dios como Padre, Hijo y Espíritu Santo, y le identifica desde la narración de la Historia de Jesús. El *homoousion* funciona en este contexto para asegurar que esta identidad divina es verdaderamente la identidad del único Dios. A su modo, expresa el Monoteísmo cristológico del Nuevo Testamento.

No obstante, si el desarrollo patrístico del dogma aseguró un nuevo contexto conceptual de la inclusión de Jesús en la identidad divina única, los Padres no tuvieron tanto éxito al apropiarse del segundo rasgo fundamental de la Cristología del Nuevo Testamento, sobre la que he llamado la atención: la revelación de la identidad divina en la vida humana de Jesús y en su cruz. Aquí, el cambio de categorías de naturaleza divina y la definición platónica de la misma, que los Padres dieron por sentado, ha demostrado ser un impedimento serio para algo más que la inclusión formal de la humillación, sufrimiento y muerte humanas en la identidad de Jesús. Que Dios fue crucificado es por supuesto, una formulación patrística pero los Padres se resistieron mucho a sus implicaciones para la teología propia. La apropiación teológica adecuada de las visiones más profundas de la Cristología del Nuevo Testamento, como la que hemos estudiado en Filipenses 2:5-11, no llegarían hasta Martin Luther King, Karl Barth y otros teólogos de la cruz más recientes.[18]

---

[18] Ver R. Bauckham, Moltmann: *Messianic Theology in the Making* (Basingstoke, Marshall Pickering, 1987) 65-72; ídem, «Theology of the Cross», en S. B. Ferguson y D. F. Wright ed., *New Dictionary of Theology* (Leicester, Inter-Varsity Press, 1988) 181-183; ídem «Jesus

Preguntas para la reflexión

1. Cuando los autores del N.T. incluyeron a Cristo en su concepto de la divinidad, ¿de qué manera afectó a su visión de Dios?
2. ¿Cómo entendía a Dios la lectura cristiana primitiva del deutero-Isaías?
3. ¿En qué textos del N.T. vemos reflejada, precisamente, la mencionada lectura?
4. ¿Qué atributos otorga el Apocalipsis tanto a Dios como a Cristo?
5. El autor nos demuestra que la humillación de Cristo precedió a su exaltación. Concluye, asimismo, que la humillación forma parte de la identidad divina tanto como la exaltación. ¿Qué aplicación tiene tal hecho para la vida cristiana?

the Revelation of God», en P. Avis ed., *Divine Revelation* (Londres, Darton, Longman & Todd, Grand Rapids, Eerdmans, 1997) 182-187; W. von Loewenich, *Luther's Theology of the Cross* (tr. H. J. A: Bouman, Belfast: Christian Journals, 1976); A. E. McGrath, *Luther's Theology of the Cross* (Oxford, Blackwell, 1985); D. K. P. Ngien, *The Suffering of God according to Martin Luther's «Teologia Crucis»* (Berna/Nueva York: Peter Lang, 1995); J. Moltmann, *The Crucified God* (tr. R. A. Wilson y J. Bowden; Londres, SCM, 1974); E. Jüngel, *God as the Mystery of the World* (tr. D. L. Guder. Edimburgo: T&T. Clark, 1983).

www.ingramcontent.com/pod-product-compliance
Lightning Source LLC
LaVergne TN
LVHW022324080426
835508LV00041B/2647